어떤 조직에서도
결과를 만드는
영업비밀 노트

어떤 조직에서도 결과를 만드는

영업비밀 노트

초 판 1쇄 2020년 10월 22일

지은이 대니 리
펴낸이 류종렬

펴낸곳 미다스북스
총괄실장 명상완
책임편집 이다경
책임진행 박새연 김가영 신은서 임종익
본문교정 최은혜 강윤희 정은희 정필례

등록 2001년 3월 21일 제2001-000040호
주소 서울시 마포구 양화로 133 서교타워 711호
전화 02) 322-7802~3
팩스 02) 6007-1845
블로그 http://blog.naver.com/midasbooks
전자주소 midasbooks@hanmail.net
페이스북 https://www.facebook.com/midasbooks425

ISBN 978-89-6637-864-7 03320

값 **15,000원**

• 성과, 연봉, 브랜딩, 인생을 바꾸는 영업의 비밀! •

어떤 조직에서도
결과를 만드는
영업비밀 노트

대니 리 지음

미다스북스

세상은 내가 마음먹고 말하는 대로 열린다!

나와 가족은 1996년 3월에 한국을 떠나 호주를 거쳐 2002년 3월, 미국 땅을 밟았다. 나는 한국이라는 비교적 안락한 환경을 떠나 해외를 떠도는 이주민이 되어 살아보는 흔치 않은 경험을 했다. 그 사이에 뉴질랜드의 시민권자, 호주 영주권자, 미국의 시민권자가 되었다.

한국에서 예배 중에 종종 천국의 시민권자에 관한 말씀을 들어도 당시에는 별 느낌이 없었다. 그건 당연한 권리였다. 그러나 해외 생활을 하면서 어느한 나라에서 적법한 시민권자로 산다는 게 얼마나 절실하고 귀한 것인지 깨닫게 되었다.

이런 불안정한 신분 외에 또 하나의 큰 이슈는 바로 생존의 문제였다. 한국에서 그동안 공부하고 쌓았던 모든 학력과 경력이 타국에서는 그야말로 완전 그라운드 제로였다. 더욱이 50에 가까운 나이에 도착한 미국이라는 나라는, 생존의 이슈에 관해서는 이름처럼 아름다운 나라가 전혀 아니었다.

이전에 잠시 살아본 경험이 있음에도, 처음 기억은 끝이 보이지 않는 터널 속을 걷는 느낌뿐이었다. 어느 두 시점 사이를 가장 가깝게 가는 방법은 당연히 직선 코스겠지만 나의 이민 생활은 광야 생활 같았다. 얼마나 자주 그 광야를 깊게 묵상했는지 모른다.

그렇지만 내게 열리는 대로 한 발자국씩 인도함을 따랐다. 하나님께서 나를 데리고 가시는 곳이 당연히 아름다울 것이라고 믿었고, 그래서 아침에 눈을 뜨면 보이는 것들을 기적처럼 생각하고 따랐다.

그런 나에게 보여주신 생존의 길은 바로 평생 공부하며 쌓았던 분야와는 전혀 상관없는 영업의 길이었다. 그것도 내게 가장 어울리지 않을 것 같은 보험 영업이었다. 영어도 시원찮고 아는 사람도 거의 없는 나라에서 보험을 하겠다고 했을 때 보여준 사람들의 반응들이 지금도 눈에 선하다.

미국에서 보험 영업을 하는 건 한국과 사뭇 다르지 않을까 생각한다. 시장의 크기도 극히 작은 데다가 고객들도 아무 때나 볼 수 없다. 약속이 미리 되어 있지 않으면 만나는 게 폐가 되는 사회이다. 심지어 손자를 보고 싶어도 불쑥 찾아갈 수 없는 곳이다.

그런데 난 18년을 잘 버텨냈다. 그 경험을 이 책에 풀어보았다. 영업이라고는 한 번도 해본 일이 없었던 내가 어떻게 그 늦은 나이에 한국 사람도 별로 없는 그곳에서 생존할 수 있었는지 나누고 싶었다.

내가 알아낸 영업의 비밀은 바로 살아남는 법을 터득하는 것이었다. 한국에서 출판된 영업비법에 관한 책들을 많이 읽어보았는데, 결국 그 답은 다른데 있지 않았다. 그것을 이 책에서 나누고 싶었다.

나이는 제약이 아니다. 이 세상은 내가 마음먹고 말하는 대로 열리는 것이다. 누구 때문이라는 핑계를 대면 그만큼 늦춰지고 손해 보게 된다는 것을 피부로 배웠다. 이 책을 통해서 내가 그동안 살면서 몸으로 배운 것이 누군가에게 희망으로 읽힌다면 더 바랄 나위가 없겠다.

감사하게도 이런 책을 쓰고 싶다는 바람이 '한책협'의 김태광 대표 코치님을 만나면서 실현되었다. 그는 자신이 평생 몸으로 배운 책 쓰기 방법을 따뜻한 격려와 함께 효율적으로 가르쳐주었다. 그는 최고의 코치였다. 이에 깊은 감사의 마음을 전하고 싶다. 그리고 이 책이 빛을 보도록 선정해주시고 도움을 주신 미다스북스의 명상완 실장님과 이다경 팀장님 및 여러 분들께 감사의 말씀을 전하고 싶다.

이 책이 나올 즈음이면 나의 결혼 40주년이 된다. 이 책을 아내에게 '결혼 40주년 기념 선물로 바친다. 말띠 동갑내기 아내는 지금껏 나의 가장 가까운 친구이다. 모두 내게 등을 돌릴 때도 그녀는 늘 내 편이었다. 그녀의 따뜻한 미소의 힘으로 지금까지 버텨왔다. 이 책으로 즐거워할 아내의 모습이 너무 기대된다.

짧지 않은 이민 생활 동안 한 번도 부모 마음 상하게 하는 일 없이 곧게 잘 자라 결혼까지 한 민지, 정현 두 아이에게도 지면을 통해 고마움을 표시하고 싶다. 한국에 홀로 계시며 늘 기도해주시는 어머니와 동생들에게도 감사를 전한다.

2020년 10월

대니 리

• 목차 •

1 장

지금 나는
잘 살고 있는가?

나에게 필요한 것이
무엇인지를 찾아라

· 마침내 미국 덜레스 공항에 도착하다 ·

2002년 3월의 어느 날, 나와 아내 그리고 고등학교에 다니는 딸과 아들, 이렇게 4식구가 미국 워싱턴 덜레스 공항에 내렸다. 손에는 호주 시드니의 미국 대사관에서 인터뷰를 마치고 나서 받은 영주권을 담은 큰 사각봉투 하나와 여권이 들려 있었다.

입국 심사를 위해 긴 줄에서 기다리던 우리 가족은 벌렁거리는 가슴으로 입국 심사대 앞에 섰다. 간단한 심사 후, 우리는 공항 사무실로 따로 안내되었다. 그리고는 거기서 입국 절차 및 영주권 신고를 마쳤다. 미국으로의 이민 신청을 한 지 4년 만의 일이다. 수속은 긴 세월 동안 준비한 것이 무색할 정도로 간단히 끝났다.

호주 시드니 공항을 떠나면서 비행기에 함께 실었던 이민 가방 6개를 찾아 공항에 마중 나온 아내의 외사촌뻘 처제를 만났다. 그리고 임시로 거할 처제의 집으로 향했다. 처제의 차에 짐을 가득 싣고 공항을 빠져나오면서 본 그날의 푸른 덜레스 공항의 하늘과 달디단 공기 냄새를 잊지 못한다.

사실, 이민은 이번이 처음은 아니었다. 공부를 좀 더 하겠다고 늦바람이 들어 뉴질랜드로 떠났던 것이 1996년의 일이었다. 원래는 미국으로 공부하러 오려고 했는데 비자에 문제가 생겨 후속 조치로 찾은 학교가 뉴질랜드의 오클랜드에 있어서였다.

뉴질랜드로 입학 수속을 밟다가 알게 된 것이 있다. 이 나라는 주 신청자가 일정한 자격을 갖춰 정해진 점수를 받으면 자동으로 영주권을 발급해준다는 사실이었다. 이것은 학생 비자로 뉴질랜드에서 사는 게 아니라 영주권자로 살게 된다는 뜻이다.

뿐만 아니라, 사회보장제도가 세계적으로 잘되어 있는 나라여서 받게 될 혜택이 많다는 것도 알게 되었다. 가족이 받게 될 의료 혜택과, 심지어 어렸던 아이들에게도 매주 적지 않은 수당이 지급된다는 사실은 상당한 위로가 되었다. 만약 직접 미국으로 갔다면 큰 부담이 될 부분들이 여기서는 그냥 해결되는 것이다. 애굽의 고센 땅으로 간 야곱과 그의 가족들이 기억났다.

'아하, 그래서 하나님께서 이렇게 인도를 하셨구나!'

뉴질랜드에서 공부를 마치고 직장 생활을 하고 있을 무렵, 마침 한국의 한 이주 공사가 오클랜드 교민들에게 미국 이민을 소개하는 영업을 시작하고 있었다. 이를 알게 된 우리 가족은 앞으로의 향방에 대해 심각한 의논을 하게 되었다.

그 결과, 한국으로 돌아가는 것을 포기하고 차라리 미국으로 건너가는 게 좋겠다는 결정을 하였다. 아무래도 뉴질랜드에서 계속 살기보다는 좀 더 도전적인 나라가 나을 것 같았는지도 모른다. 사실 내 경력으로 제대로 할 만한 일이 그곳에 딱히 없는 것도 아쉬웠다.

그러나 미국 이민 수속은 만만하지 않았다. 미국 정부에 접수한 서류가 분실되기도 해서 다시 수속을 시작해야 하는 등 진행이 지지부진했다. 마침 뉴질랜드 거주 기간이 3년이 되어 시민권을 받게 되었다. 그리고 당시 다니던 회사가 호주에 있는 지사로 발령을 내줘 2000년 7월 무렵 호주라는 새로운 나라에서 살아보는 기회를 가졌다. 다행히 미국 이민 수속은 거주국을 옮겨도 진행에 문제가 없었다. 이렇게 해서 미국으로 오기 전에 이미 뉴질랜드와 호주 두 나라에서 살아보는 귀한 경험을 얻었다.

• 새로운 이민자로서의 형편을 살펴보다 •

뉴질랜드로 공부하러 떠나기 전 내가 다니던 회사는 미국계 회사였다. 그 회사는 내가 입사하자마자 곧 울산에 새로 짓게 될 플랜트의 진행 준비를 위해 나를 가족과 함께 미국 웨스트 버지니아에 있는 자사 플랜트로 6개월간 연수를 보내주었다.

이때 교환 비자로 미국에 거주하던 기간이 아마도 내게는 가장 좋은 시간이 아니었을까 생각한다. 한국에선 적지 않은 봉급이 그대로 내 은행으로 지급되고 있었다. 그리고 미국 체류 기간 중에 필요한 아파트, 차량, 아이들 교육 및 의료 등의 모든 비용은 미국 현지에서 다 해결해주어서 별도로 돈이 나갈 일이 없었다.

게다가 따로 일일 경비를 계산해주어서 그 돈을 체류 기간 동안 워싱턴, 나이아가라 폭포, 플로리다 등을 여행할 때 편히 쓸 수 있었다. 그야말로 아주 멋진 첫 미국 체류 경험을 할 수 있었다. 우리 식구가 미국으로의 이민을 결정하게 된 데는 아마도 이런 긍정적인 경험들이 큰 요인이 되었을 것이다.

하지만 후에 이민자로 미국 땅에 발을 딛게 된다는 것은 전혀 다른 이야기였다. 앞서 기술됐던 것과 같은 기득권이 더 이상 없다는 뜻이었다. 모든 것을 나 스스로 찾아야만 하는 것이다.

사실 앞선 두 나라에서 살게 되었을 땐 긍정과 자신감이 내 안에 풍성했다. 그리고 나름 만족한 삶을 살았다고 생각했다. 그러나 미국에 도착해선 상황이 너무나 달랐다.

아마도 처제네에서 잠시 기거했을 때 들은 미국 이민자들의 삶 이야기에 주눅이 들었는지도 모르겠다. 잠깐이지만 가장 힘들게 사는 계층의 모습 일부분을 엿본 것 같다. 청소, 웨이트레스, 딜리버리, 새벽 시장 및 벼룩시장 등….

머리를 냉정히 하는 게 필요했다. 모두가 잠든 시간에 노트를 펴놓고 생각들을 풀어 적어나갔다. 여느 때와 마찬가지로 노트 메모는 항상 나의 중요한 툴이었다.

당시에 내가 적어나가던 것들은 첫째, 당장 정착에 필요한 사항들, 즉 출석할 교회, 거처 마련, 아이들 학교 결정, 은행 계좌 열기, 아내의 건강 검진을 위한 의료 정보와 같은 것들. 둘째, 앞으로의 생활에 필요한 것들, 즉 일자리나 도움을 받을 만한 자원. 셋째, 내게 주어진 시간, 즉 내가 지금 가지고 있는 수중의 돈으로 버틸 수 있는 기간. 그리고 넷째, 내가 지금 할 수 있는 것들, 즉 내가 지금까지 쌓은 경험으로 직장을 구할 수 있는지 확인하는 일이었다.

앞으로 얼마나 많은 것들이 그 노트에 적힐지는 하나님만이 아실 일이었다. 그렇지만 하루 메모의 끝은 늘 긍정과 기대로 마무리했다. 이민자로 살러 온 이 땅에서 내가 과연 무엇을 하며 살아야 할까?

만나는 사람마다 자기들의 이민사를 들려주고 있었다. 그들이 살아온 이야기는 정말 굉장한 삶 그 자체였다. 각자 힘들었겠지만 그래도 그들이 오늘날까지 살아남았다는 사실은 충분히 존경스러웠다. 마흔 중반을 넘긴 나이에야 미국에 도착한 나에게는 시간이 별로 없다는 생각에 초조했다.

내 노트엔 이렇게 적었다. '내가 일자리를 얻기 위해 팔 수 있는 나의 경험이나 기술은 무엇이 있을까?' 내 적성을 고려해 가능하면 피하고 싶은 일들도 같이 적어보았다. 가장 하고 싶었던 일은 사무직이나 기술직이고, 가장 피하고 싶었던 일은 몸으로 하는 노동이었다. 일단 일을 시작하면 오랫동안 해야 하는데, 몸으로 하는 일은 움직임이 둔한 내가 오래 버틸 수 있을 것 같지 않아서였다.

대학을 졸업하고 다닌 회사는 '태평양화학'과 미국계 회사인 '듀폰'이었다. 거기서 도합 15년간 쌓은 경력이 과연 직장 구하는 데 도움이 될 수 있을지 궁금했다. 이력서를 작성하고 온라인 구직 사이트인 monster.com에 올렸다. 올리면서는 미국 회사에 다닌 경력이 뭔가 도움을 줄 수 있을 것 같다고 생각했다. 그러나 그렇게 열심히 올려도 몇 년 동안 연락을 받지 못했다. 단지 가끔 보내주는, 아직 관심 있게 지켜본다는 자동 메시지뿐이었다.

얼마 후, 급한 대로 아내가 조그만 편의점에서 일하게 되었다. 그런데 출근한 첫날, 냉장고에 음료수를 채우면서 박스를 들다가 그만 허리를 다쳐 집으로 돌아오고 말았다. 그렇게 아픈 아내가 한의원에서 침을 맞으며 치료비로 몇 백불씩 써야 하는 일이 발생한 것이다. 의료 보험이 없던 우리는 정말 힘들었다. 이때의 경험으로 나는 몇 가지 나름의 구직 가이드라인을 정했다.

1. 기술직, 전문직을 찾을 것

2. '반드시' 의료 혜택이 있는 일을 찾을 것

3. 회사를 옮기더라도 같은 계열 산업에 머무를 수 있는 일을 찾을 것

4. 육체적 노동이 없는 일을 찾을 것

5. 나이를 고려해, 은퇴에 대한 배려가 있는 일을 찾을 것

6. 나중에 개인의 비즈니스로 전환이 가능한 일을 찾을 것

7. 업무로 인한 여행의 기회가 있는 일을 찾을 것

이 기준은 이민 생활 20년이 다 되어가는 오늘날까지 모두 지켜지고 있다.

나도 막상 살아보려니 너무나 많은 벽이 있어 그것들을 어떻게 넘어설까 암담했던 기억이 난다. 그런데 지금 생각해보면 그 벽은 나 스스로가 만든 것들이었다.

두드릴 수 있는 문은
다 두드려라

• 온 가족이 청소 일을 시작하다 •

앞의 가이드라인이 정해지기 전, 나한테는 아직 딱히 이렇다 할 만한 일자리가 없었다. 매주 금요일 저녁 교회 순모임에 나가면 늘상 사는 이야기를 나누곤 한다. 이런 때 우리같이 미국에 갓 도착한 사람들은 교인들의 큰 관심거리였고 기도 제목이었다. 교인들은 우리가 어떻게 살 준비를 하고 있는지 묻고 염려하고 걱정해주었다. 그나마 위로를 받을 수 있는 시간이었다.

당시 우리 부부의 눈엔 먼저 이민을 와서 자리를 잘 잡고 사는 분들이 그렇게 부러울 수가 없었다. 40대 후반의 늦은 나이에 미국에 들어와 언제 자리를 잡을 수 있을지 걱정하며 밤잠을 설치는 때가 많았다.

그러던 어느 날, 사무실 청소 일을 하던 교회의 장로님으로부터 청소 일을 배워보지 않겠냐는 제의를 받았다. 당시 내 생각에도 청소는 마음만 먹으면 얼마든지 할 수 있을 것 같았다. 그렇게 하면 아파트 렌트비와 식생활비는 충당할 수 있을 것도 같았다.

그러나 청소 일은 간단하지 않았다. 우선 4~5층이나 되는 사무실 건물의 각 방을 돌아다니며 책상의 쓰레기통을 비웠다. 그리고 어깨에 메는 진공 청소기로 바닥의 모든 지저분한 것을 치우고, 모든 대리석 바닥을 깨끗하게 걸레질해야 했다. 걸레질조차도 처음엔 쉽지 않았다. 또 시간에 맞춰야 하기 때문에 속도도 중요했다.

오후 시간, 직원들이 퇴근하고 나면 각 사무실을 열고 들어갔다. 아무도 없는 사무실과 조용히 배열되어 있는 책상을 보면 나와는 전혀 상관이 없는 생소한 광경으로 비치곤 했다. 내가 이런 곳에서 우아하게(?) 일해볼 날이 올까? 과연 내게도 미국인과 자유로이 대화를 나누며 하는 일이 찾아올까?

그러나 그것도 잠시, 당시 고등학교에 다니던 아들 녀석과 난 큰 쓰레기통을 나눠 들고 서로 다른 층에서 각 방의 쓰레기를 수거하는 일을 시작했다. 그 사이에 아내와 딸은 각 층의 조리실과 화장실을 돌며 정리를 했다.

지금도 당시 화장실 오물을 치우던 일을 이야기하면서 몸서리치기도 한다. 왜 이런저런 물건들을 몽땅 변기 안에 버리는지 도무지 이해되지 않았다. 딸은 변기가 막혀 있으면 손을 긴 비닐봉투로 몇 겹을 감고 넣어 오물을 제거하곤 했는데, 변기가 하루도 멀쩡한 날이 없었던 것 같다. 그래도 딸아이가 제일 용감하고 비위가 좋았다. 딸은 지금 미 특허청에 근무하는 남편을 만나 예쁜 아이들 셋을 낳고 잘 살고 있다.

하루의 청소를 마치고 돌아오면 늘 뭔가 미진한 게 남곤 했는데, 종종 다음날 사무실 관리측으로부터 컴플레인을 들었다. 그 중에서도 책상의 수많은 쓰레기통 중 한두 개를 미처 못 찾고 빠트리는 일이 가장 많았다.

우리 회사는 컴플레인을 받으면 반드시 담당 청소부를 불러 주의를 줬는데, 그 소리를 듣는 게 가장 싫었다. 반드시 이 일을 그만두겠다고 마음먹었지만 당시로서는 달리 방법이 없었다. 그나마 내 체력으로 가장 수월하게 할수 있는 노동이었기 때문이다.

• 고마웠던 아들과 딸의 수고 •

우리 식구는 좀 특별하다. 이미 뉴질랜드와 호주에서 몇 년 살아본 경험이 있어 아이들의 이민 생활 적응이 빨랐다. 뉴질랜드로 처음 건너간 1996년 당시 딸 아이가 중학교 1학년, 아들 녀석이 초등학교 5학년이었다. 우리 가족은 뉴질랜드에 도착한 지 5개월만에 데어리(Dairy)라고 불리는 동네의 자그마한 가게를 인수하고 오픈을 했다. 데어리는 동네 편의점으로, 없는 게 없었다. 우유, 빵, 신문, 잡지, 초콜릿, 각종 음료수, 담배, 아이스크림, 통조림, 개와 고양이 사료…….

처음에 아내는 백인들이나 마오리(Maori)라고 불리는 덩치 큰 현지인들을 상대로 혼자 일하는 걸 몹시 겁냈다. 영어도 안 되었고 무섭게 생긴 사람들이 들어오면 달아나 안으로 들어가기도 해서 사람들에게 웃음을 주었다. 이런 일이 벌어지면 당시 둘째 녀석이 키가 작아 닿지도 않는 카운터에 의자를 놓고, 되지도 않는 영어로 손님들을 상대했다. 딸도 마찬가지였다. 얼마나 야무진지 이루 말할 수가 없었다.

이렇게 몇 년을 타국에서 살다가 다시 미국에 들어와서는 생존을 위해 청소부 일을 묵묵히 하는 녀석들이 든든했지만, 한편으로는 얼마나 미안했는지 모른다. 일을 늦게 마치고 와서는 새벽 한두 시까지 학교 과제를 했다는 사실을 몇 년이 지나서야 알았다. 그런데도 아이들은 불평을 일절 하지 않았다. 오히려 학교 가면서 냉장고에 성경 구절을 써 붙여놓아 부모를 위로하곤 했다.

이렇게 어려우나마 생계를 유지해주던 가족 청소를 접는 일이 일어났다. 하루의 작업을 마무리하던 어느 날 밤, 젊은 슈퍼바이저가 자기 마음에 뭔가 차지 않았는지 아들 녀석을 심하게 야단치는 모습을 우연히 보게 되었다. 아들을 그렇게 막 대하는 모습을 보니 마음이 분했다. 아들은 그런 야단을 맞을 만큼 일을 대충대충하는 아이가 절대 아니었다.

그날로 나는 그 일을 그만두고 말았다. 연장자인 나에게는 차마 심하게 얘기를 못 해서 어린아이에게 심하게 대하는 것이 마음 아팠다. 돌아오는 차 안에서 아들이 말했다.

"아빠, 난 상관없는데, 괜히 그만둔 거 아녜요? 난 그 사람 입장도 이해하는데…"

"아니, 정현아. 아빠가 싫어. 다시는 너희들 청소 안 시킬 거야."

이 일 후에 난 혼자 할 수 있는 청소 일을 찾다가 덜레스 공항 근처의 호텔에서 일하게 되었다. 밤 10시경에 들어가 호텔의 주방을 맡아 청소하는 일이었다. 새벽 5시경이 되어야 끝이 나는 고된 일이었다. 기름기 잔뜩 밴 무거운 고무 발판이 주방 전체에 깔려 있었다. 그 고무판엔 많은 구멍이 깊게 파여 있어 완전히 깨끗하게 닦아내는 것도 일이지만, 그 무게가 너무 무거워 몹시 힘들었다.

일을 끝내고 집에 돌아오면 완전 파김치가 되었다. 옷의 꼴도 엉망이어서 아이들 보기가 너무 민망해 몰래 집에 들어가기가 일쑤였다. 당시에는 언제까지 그런 일을 해야 하는지 생각해도 앞이 안 보였다. 참으로 암담했던 그 시간을 어떻게 지나왔는지 모르겠다.

계속 그렇게 살 수는 없었다. 다시 노트에 나의 불만을 써나갔다. 앞이 안 보였다. 다시 나의 취업 가이드라인을 생각했다.

•   전문직을 찾아라!   •

그러던 어느 날, 우연히 만난 목사님께서 지금이라도 기술을 배워보는 게 어떻겠냐는 조언을 해주셨다. 메릴랜드의 '링컨텍(Lincoln Tech)'에서 가르치는 냉난방 기술을 추천받았다.

마침 같은 교회 집사님 한 분이 그 학교 출신으로, 현재 냉난방 전문가로 일하고 있다고 해서 전화로 문의해봤다. 그분은 여가 시간에 내가 뭘 하는지 물었다. 무슨 의미인지 못 알아듣는 내게 그분은 부연 설명을 해주셨다.

"집사님, 만약 집에서 혼자 쉬는 시간에 취미로 차를 만지거나, 집 안에서 고장난 기계류 만지는 걸 좋아하시나요? 그게 아니라면 이 일을 권하고 싶지 않아요."

아주 지혜로운 조언이었다. 그 일은 정확히 내가 할 일이 아니었다.

다음 날 〈워싱턴 포스트〉 지의 광고란을 뒤지다가 한 가지 눈에 들어온 것이 있었다. 알렉산드리아에 있는 '테스트 칼리지(Tesst College)'에서 컴퓨터 훈련 코스의 학생들을 모집하고 있다는 광고였다. 하드웨어 및 네트워킹을 가르치고 있었다.

마침 한국에 살 때 인트라넷을 구축하던 팀에서 일해본 적이 있어 흥미도 있있다. 또, 당시 밀레니엄 버그를 넘어서면서 워싱턴 부근에 많은 인력이 필요한 상황이었다.

다음 날 학교를 방문해 간단한 면접과 테스트를 거쳐 입학 승인을 받았다. 약 1년짜리 직업학교 과정이었다. 당시엔 앞으로 오랜 기간 일을 하려면 이민 초기에 필요한 과정 하나 정도 이수하는 게 맞다고 판단했다.

학교에서의 수업 과정은 강의와 실습으로 이루어지고 있었다. 내가 원하던 형태의 공부여서 마음에 들었고, 성적도 나쁘지 않아 동기 부여도 많이 되었다. 수업 중에 강의를 다 알아들을 수는 없어도 평가 문제는 쉬웠다. 미국 아이들의 성적이 낮은 게 몹시 의아스러울 지경이었다. 한마디로 재미있었다.

이때 내가 영어에 익숙하지 않아 생긴 재미있는 일이 많다. 보조 교사 한 명이 우리 책상에 와서 도와주는데, 땀을 많이 흘리고 있길래 내가 말했다.

"You look so hot."

교실이 폭소로 발칵 뒤집혔다. 그때는 이 말이 섹시하다는 뜻으로 쓰인다는 것을 몰랐다. 또 한 번은, 옆에 있던 흑인 여학생들이 대화 중에 'thong'이라는 단어를 쓰길래 그게 뭐냐고 물었다. 그런데 그 이야기를 온 클래스가 다 들어버렸다. 또 폭소! 그 여학생은 자기 바지춤을 내리고 티팬티를 보여주면서 바로 이거라고 알려주었다. 그 후 내 애칭이 생긴 건 물론이다.

그런데 이 학교도 접어야 하는 일이 생기고 말았다. 내가 이민자로 일자리가 필요한 걸 아는 교수님들이 여러 군데 추천을 해주었다. 공항 요원이나 워싱턴에 있는 유명한 방위산업체까지도 소개를 해주었다. 그러나 모두 취업 요건으로 비밀취급인가가 필요했다.

미국 시민권자가 되어야 그 인가라는 것을 발급해주는데, 나와 같은 영주권자는 5년을 기다려 시민권을 취득하고 나서야 신청할 수 있었다. 그러나 당시 내 나이가 많아 5년을 기다릴 수 있을 만큼 여유롭지 않았다.

결국 아까운 수업료 8,000불을 날리고 학교를 그만두는 수밖에 없었다. 나는 다시 메모장으로 돌아와 정신 차리고 다시 집중을 해야 했다.

어떤 조직에서도 결과를 만드는 영업비밀 노트

당신의 인생을 바꾸는 영업비밀 노트 한 줄

내 안에 있는 부정적 의식을 버리면 더 많은 것들
이 내게 달려올 것이다.

빠른 실패가
가장 저렴하다

• 실패 1 : '테스트 칼리지'의 수업 포기 •

직업학교 '테스트 칼리지'의 수업 포기는 아쉬움이 많았다. 학교에서 수업을 마칠 수만 있었다면, 전 세계 네트워크의 허브인 워싱턴에서 내 적성에 잘 맞고 안정된 일자리도 얻을 수 있었을 것이다. 교수들도 내가 떠나는 것을 많이 아쉬워했다. 그러나 그 나이에 5년 이상을 기다릴 수는 없었다.

그렇다고 주저앉아 있을 순 없었다. 가장이란 위치는 그랬다. 이곳까지 내가 데리고 온 가족을 계속 힘들게 할 수는 없었다. 이 실패로 나는 다음 행보를 보다 집중하여 면밀히 살펴보게 되었다. 그리고 짧은 기간 안에 내가 시작할 수 있을 만한 일들을 노트에 열거해봤다.

1. 부동산 에이전트

당시의 미국은 부동산 시장이 아주 활발했다. 나도 집을 구하느라 에이전트 분들과 집을 돌아볼 기회가 있었다. 그러면서 일에 대한 그들의 자세들을 관찰할 수 있었다. 그때 나를 도와주신 한 분은 나이가 지극한 분이었는데 경험도 많고 아주 성실했다. 그분은 집 소개를 하면서도 사전에 먼저 모두 파악해서 혹시 발생할 만한 문제점을 세세히 알려주었다. 나와 같이 이민 경력이 일천한 사람은 이런 경험이 없어 사람들에게 가장 중요한 자산이 될 집에 대해 섣불리 권할 처지가 아닌 것 같았다.

2. 작은 편의점 운영

뉴질랜드에서 살 때 해본 경험이 있어 이것이 가장 만만해 보였다. 2가지 문제점이 있었는데, 하나는 비즈니스의 가격이었다. 내가 미국에 도착했을 당시에는 모든 부동산들의 가격이 가파르게 오르고 있었다. 상업용 부동산도 마찬가지였다. 뉴질랜드에서는 이런 비즈니스를 사면 그 가격과 수입이 비슷하게 맞았다. 그래서 자신의 예산에 맞춰 고를 수 있는 여지가 있었다. 하지만 당시 미국의 여건은 그렇지 못했다. 비싸게 사고도 수입이 안 나올 가능성이 너무 컸다. 위험 부담이 너무 컸다.

또 하나의 문제점은, 이런 일은 잘 버텨도 주로 3년이 고비다. 가게를 몇 년씩 지키는 게 쉽지 않았다. 그래서 내 나이에 시작했다가 3년 뒤 처분해야 한다면, 또 다시 그다음에 무엇을 해야할지 가늠할 수가 없었다.

3. 론 오피서(Loan Officer)

당시 뜨거웠던 부동산 시장에서는 투자용으로 집을 사려던 사람들이 많았다. 이들은 누구나 할 것 없이 좋은 조건의 융자가 필요했다. 바로 이런 사람들에게 은행 융자를 소개해주고 수수료를 받는 이 일은 내 눈에도 꽤 괜찮아 보였다. 마침 해보라고 권하는 업체도 있어서 누구랑 시작해볼까 하는 결정만 남겨두고 있었다.

4. 보험 에이전트

어느 금요일 저녁, 교회의 순모임에 나갔다가 순목자님으로부터 한마디 들었다.

"집사님, 차라리 보험을 해보시지요."

남미를 거쳐 미국에 정착한 그 집사님은 누구보다 교민들의 생활에 밝았다. 하지만 평생 영업을 해본 적 없는 나로서는 보험 영업은 꿈에도 생각해본 적이 없었다. 그런데 신기하게도 그날은 달랐다.

다음 날 토요일 아침 동네 슈퍼에서 주말판 〈워싱턴포스트〉를 샀다. 〈워싱턴포스트〉를 뒤져 파이낸셜 트레이닝을 제공한다는 두 줄짜리 광고를 발견했다. 나는 바로 전화를 걸었다.

이렇게 나는 48세의 나이에 필요한 라이선스 3가지를 2달 안에 모두 취득하고 늦깎이 보험 에이전트의 길로 들어서게 되었다. 이후 더 많은 한국 교민들에게 접근이 용이한 곳으로 회사를 두어 번 옮겼지만, 여전히 같은 인더스트리에서 일할 수 있었다.

첫 발을 딛은 이래 18년간 종사한 보험업은 내 천직이 되었다. 시작한 지 얼마 안 되어 제품 영업에서 매니저로 일을 바꾸게 되었다. 이렇게 시작한 뒤로 18년간 정말 재미있게 일을 했다. 그리고 보험업의 매력에 푹 빠졌다.

• 실패 2 : 6년간 쌓은 팀이 떠나다 •

지금으로부터 7년 전, 지금 일하고 있는 '내셔널 라이프 그룹'이라는 174년 된 보험회사의 매니저로 영입이 되었다. 놀랍게도 이 오랜 기간동안 한국인 매니저가 나온 적이 없어, 내가 이 회사의 최초의 한국인 매니저가 되었다.

하지만 전에 일하던 회사에서 이 회사로 옮기는 것은 정말 쉽지 않은 결정이었다. 교민 시장에 전혀 알려지지 않은 회사라는 사실에 부담감이 있었다.

그래서 처음 오퍼를 받은 뒤 6개월간 제품들과 회사에 관한 자료들을 더 꼼꼼히 살펴보아야 했다. 한 가지 다행한 것은, 앞서 근무했던 회사보다는 제품의 상품성이 탁월해 충분히 경쟁력이 있었다.

그래서 입사 전에 내가 회사에 내놓은 조건 하나가 차후 3년 동안 전폭적인 마케팅의 지원이었다. 당시 나를 면담하던 지역 담당 부사장은 꼼꼼히 나의 부탁을 메모해 나중에 모두 들어주었다. 꽤 파격적이었던 대우였다.

한국어 제품 설명서 한 장 없던 이 회사에서 내가 옮길 즈음엔 무려 13가지를 번역해 컴플라이언스의 승인까지 얻어 인쇄해놓았다. 덕분에 나는 얼마 안 되어 회사 전체 매니저 순위 톱 4위 이내의 위치를 지킬 수 있었다.

보통 미국의 메이저 보험회사들은 커리어 에이전시로 운영되는데 이런 경영 방식은 각 주별 로컬 에이전시의 지역권을 철저히 보장하고 있다. 에이전트를 뽑는건 해당 주에서만 할 수 있었다. 그러나 내가 한국인 최초의 매니저라는 사실 덕분에, 내가 살고 있던 워싱턴 근교의 버지니아 및 메릴랜드 외에 캘리포니아의 샌프란시스코와 LA에까지 한국 교민 마켓을 상대로 사무실을 열도록 요청하여 승인을 받을 수 있었다. 그곳에서 유능한 매니저 후보 한 명을 만나는 행운이 따랐던 이유다.

그리고 우리 지역 제너럴 에이전트가 나를 많이 도왔다. 그는 나의 말이라면 최우선적으로 요청을 들어줬다. 그는 내게 'No'라는 말을 일절 하지 않았고 마음껏 일할 수 있도록 지원해줬다. 나도 그런 그의 기대에 부응하고자 최선을 다하곤 했다.

캘리포니아에서 뽑은 매니저 후보를 입사 후 1년 만에 정식 매니저로 승진시켰다. 그리고 샌프란시스코와 LA에 팀을 만들고 영업을 시작하는 데 전력을 다할 수 있도록 지원을 아끼지 않았다. 거의 두 달에 한 번 정도는 제너럴 에이전트와 내가 번갈아 캘리포니아를 방문하는 바쁜 일정을 몇 년간 보냈다. 그건 내겐 큰 즐거움이었다. 여행을 좋아하는 나에겐 더없는 기회이기도 했다.

그가 매니저로 승진하면서 나도 따라서 디스트릭트 에이전트로 승진하게 되었다. 이젠 에이전트뿐만이 아닌 매니저들도 뽑을 수 있는 권한이 생긴 것이다. 그리고 그 후, 버니지아에서 매니저 한 명을 추가로 영입하고 또 오랫동안 내 에이전트였던 인재 하나를 매니저로 승진시켜 제대로 날기 위한 포진을 짜게 되었다.

그러나 호사다마라 했던가. 나의 오만함과 인간관계에 대한 불성실함으로 내가 선택한 3명의 매니저들이 나를 떠나는 일이 발생하고 말았다. 아마도 나의 기대를 드러낸 것이 그들에게 좋지 않은 모습으로 비춰져 힘든 결정을 하게 된 것 같았다.

이 일이 있고 나서 나에겐 공백기가 왔다. 사무실에 와도 내겐 상대할 사람이 없었다. 사실 그보다 나는 명백한 실패를 추스릴 힘이 필요했다. 번잡하던 시간이 텅 빈 시간으로 변해버렸다. 회사에선 내가 남기를 원했지만, 남아 있을 명분이 없었다. 나를 알고 있던 회사 몇 곳이 영입 제의도 해왔다. 하지만 그런 것보다는 이 실패가 내게 무엇을 의미하는지 알고 싶었다. 그런 식으로 달아나고 싶지도 않았다.

이전에도 누누이 내 팀에게 내 목표를 말하곤 했다. 바로 1명의 제너럴 에이전트와 5명의 매니저(그중에 2명은 여성이다)를 배출해내는 것이었다. 나이 제한이 있는 제너럴 에이전트로의 승진에는 전혀 관심이 없었다.

이젠 이 실패의 의미를 깨달아 다시 살아내는 게 필요했다. 그래서 '에고'라는 생각의 흐름에서 깨어나고자 명상을 시작했고, 한동안 잊고 있던 메모를 다시 시작했다. 감사의 의미를 다시 찾는 노력도 했다. 마음챙김도 공부하게 되었다. 안젤름 그륀, 에크하르트 톨레, 엘렌 랭어, 론다 번, 히토리 사이토, 잭 캔필드, 조 비테일, 박용철, 이시다 히사쓰구, 뉠르 넬슨, 팸 그라우트, 웨인 다이어, 네빌 고다드 등의 저서를 읽으며 한 발씩 내딛어 의식을 깨우기 위한 여행을 지금도 계속하고 있다.

지금 내 노트엔 많은 버킷리스트와 목표들이 적혀 있다. 그리고 그때의 실패 이후 지금은, 내가 지난 세월 가져보지 못한 톱 프로듀서들이 계속 연결되고 있다. 실패는 절대 끝이 아니다. 단지 더 큰 다음 문을 열기 위해 힘을 모으는 것일 뿐이다.

당신의 인생을 바꾸는 영업비밀 노트 한 줄

실패는 절대 끝이 아니다. 단지 더 큰 다음 문을 열기 위해 힘을 모으는 것일 뿐이다.

내가 살기 위해
버려야 할 것들

• 이민자로서의 생존 기술을 익혀라 •

내가 미국 보험업계에 들어와 매니저로서 하는 일은 영업팀을 키우는 일이다. 인재를 뽑고, 그들이 자리를 잘 잡아 성공하도록 인도하는 역할이다. 지난 18년간 많은 사람을 면담하고, 때로는 조언을 하고, 그들이 이 업계에서 잘 정착하도록 돕는 일을 해왔다. 그동안 많은 사람들을 만나면서 느낀 것은 사람마다 개인차가 있고 그 차이가 꽤 크다는 것이었다.

미국의 이민 생활은 한국에서 갖고 있었던 학력이나 배경이 별로 도움이 되지 않는다. 종종 우스개소리로 하는 말이, 이민을 오려면 태평양을 건널 때 모든 배경을 다 던져버리고 오라는 얘기다. 사실 이런 자세가 갖춰지면 이민 생활에 쉽게 적응할 수 있다. 먼저 맨몸으로 나의 생존 능력을 증명해 보여야 하는 것이다.

종종 돈을 많이 갖고 이민 오는 사람들이 처음부터 큰 투자를 해 사업을 시작하기도 한다. 주로 남을 의식한 체면이 가장 큰 이유이다. 나는 늘 사람들에게 돈에 손대지 말고 스스로 '생존 기술'을 먼저 익히라고 말해준다. 그렇게 스스로 살아남으면 그때 투자를 해도 늦지 않기 때문이다. 그러나 너무 많은 사람들이 처음부터 사업에 손을 댔다가 낭패를 겪는 것을 보았다.

처음에 나도 너무나 많은 벽이 있어 그것들을 어떻게 넘어설까 암담했던 기억이 난다. 그런데 지금 생각해보면 그 벽은 스스로가 만든 것들이었다. 아무리 힘들어도 그냥 아무 곳이나 가서 덤볐다면 의외로 쉬웠을지도 모르겠다. 그래서 몇푼 안 되는 돈이나마, 그것으로 작은 사업체라도 해볼까 생각하기도 했다. 그러나 난 먼저 어떻게든 살아남는 법을 배워야겠다고 마음먹었다.

미국에서 보험 및 파이낸셜 업무를 하면서 배운 단어가 하나 있다. 그것은 '비상자금(emergecy fund)'이다. 재정 플랜 시 반드시 일상 비용의 3~6개월 분 정도를 따로 비축해놓도록 하는 것이다. 그야말로 비상식량인 것이다. 남의 나라에 와서 살면서 이 정도의 준비도 없다는 건 가족에게 큰 리스크를 주는 일이다. 이민자들에게 이런 자금은 그야말로 생존을 위한 최소한의 준비다. 너무나 많은 사람들이 생존 기술에 신경을 못 쓰고 있는 것을 보면서 안타까움을 금치 못한다.

어느 날 심방 오신 목사님으로부터 한마디 조언을 들었다.

"교회의 안팎으로 사람들을 살펴보면 잘 자리잡고 성공한 사람들이 있을 것이다. 그들 중 하나를 선별해 어떻게 그들이 일이나 사업을 하는지 관찰해 보라. 그리고 아무것도 묻지 말고 그들이 하는 대로 조용히 따라 해보라. 머지않아 그들처럼 살 수 있게 될 것이다."

가장 현명한 조언이었다. 난 지금도 이 기술을 많이 쓰고 있다. 한국에 있을 때 다니던 회사에서도 종종 사용하던 '벤치마킹' 기법이다. 가장 효율적으로 기술을 배우는 법이다.

• 가장의 책임감이 모든 해결의 키워드 •

어느 날, 교회의 새벽기도회를 인도하던 목사님이 기도 제목 하나를 요청했다. 그것은 교인 중에 일자리가 없어 힘들어하는 분들이 있으니 그들을 위해서 기도를 해 달라는 것이었다. 마침 사람이 필요하기도 하고 나도 돕고 싶었다. 기도회를 마치고 그 목사님과 담소를 나누면서 아까 말씀하신 분 내게 좀 보내달라고 부탁을 드렸다.

며칠 후, 그분을 내 사무실에서 만났다. 전부터 안면이 있는 분이었지만, 그런 어려움을 겪고 있는지는 몰랐다. 그에게 형편을 묻고, 우리가 하는 일을 간단히 설명을 했다. 그러나 그의 대답은 명확했다.

"보험이라뇨? 그거 힘든 일이잖아요? 전 해본 적이 없어서 못 해요. 적성에 맞지도 않구요."

이 대화는 많은 생각을 하게 했다.

앞에서 순목자님이 내게 보험을 해보라고 권했을 당시, 나는 많이 곤궁했다. 절망의 터널을 지나는 것 같았다. 끝이 보이지 않았다. 유일한 기쁨은 아침마다 홀로 하나님 앞에 나가던 QT시간뿐이었다. 당시 그릿 시냇가에 숨어 있던 엘리야를 묵상하던 나는 홀로 기도를 하곤 했다.

'하나님, 저를 도울 사람 좀 보내주세요!'

난 평생 영업을 해본 적이 없다. 그런데 보험을 해보라는 권유는 내게 무슨 응답 같았다. 적성이고 뭐고 따져볼 여력이 없었다. 가장으로 돈을 벌어 가족을 안정시키는게 내게 최우선 순위였기 때문이다.

이렇게 들어선 보험 영업의 첫 달 무려 3,000불이 넘는 돈을 만지게 되었다. 당시 우리 가족이 한 달간 힘들게 청소를 해서 번 돈이 1,500불 정도인데 그에 비하면 엄청나게 많은 금액이었다. 보험 라이선스로 이만큼 돈을 벌 수 있다는 게 마냥 신기했다. 더구나 가족에게 청소일로 고생시키지 않아도 되는 게 너무 감사했다. 내가 이 일로 생존할 수 있을지 테스트하는 수입 목표 6개월치를 불과 3개월 만에 다 벌어놓고 있었다.

이렇게 시작한 일로 인해 결국 매니저로 초고속 승진을 하게 되었다. 따라서 내가 할 일은 현장에서 하는 보험 영업이 아니라 사람을 뽑고 훈련시키고 팀을 키우는 일로 바뀌게 되었다.

초기 이민자로 아는 사람이 거의 없던 내가 계속 보험 영업을 잘 할 수 있을지는 나도 궁금했다. 그러나 나는 이렇게 해서 가장 가능성이 없어 보이던 보험업계에서 '내게 가장 적성에 맞는 일'을 만나게 된 것이다. 하나님은 역시 나보다 나를 훨씬 더 잘 아시는 것이 분명했다.

내가 사람들을 만나 면담을 하면, 그들은 자기가 왜 보험 일에 안 맞는지 그 이유를 몇 가지씩 열거한다. 왜 그러는지 나도 잘 안다. 겸손함 때문이다.

이 일을 하지 말아야 할 이유를 대라면 100가지도 넘을 것을 너무도 잘 안다. 나도 그랬다.

그러나 가장으로서 가족을 부양해야 한다면, 그 책임감을 먼저 인정하는 게 맞다고 생각한다. 그것에 하나님께서 응답하시는 것이다. 그 때문에 하나님께서는 내게 그를 보내신지도 모른다.

'여기 너를 위해 준비한 길이 있다. 네 앞에 앉은 사람이 네가 불안해하는 이유의 증인이 되어줄 것이다.'

어떤 사람들은 헤어질 때 좋은 말로 기도를 해보겠다고 한다. 나중에 의향을 물어보면, 이들은 다른 사람들에게 가서 의견을 구했다고 한다. 그것도 대부분 이런저런 이유로 가장 부정적인 의견을 가진 사람들에게. 그리고는 그것이 하나님의 뜻이라고 대답하곤 했다.

나는 하나님께서 사람들에게 길을 보여주시는 방법을 이렇게 이해하고 있다. 평평해 보이는 마른 땅이라도 물을 부으면, 우리 눈에 안 보이는 지면의 높낮이를 통해 물이 어디론가 흘러간다. 하나님은 지금까지 그렇게 조금씩 길을 보이셨다. 오늘 이 시간 내가 만나는 사람들이 바로 마른 땅 위의 높낮이처럼 다가와 내게 그분의 뜻을 보여준다고 믿었다.

매니저로 자리가 바뀐 후부터는 난 상당히 만족스러운 기분으로 일을 했다. 물론 본의 아니게 다른 보험사로 몇 번 자리를 옮기게 되지만 이때 얻은 매니저의 커리어는 이민자였던 내게 자리를 잡아가는 큰 틀이 되어주었다.

부자가 되고 싶으면 롤렉스를 차라는 말이 있다. 아마도 많은 사람이 오해할지 모르겠지만 이 말은 상당한 의미가 있다. 누가 물었다. 롤렉스보다 비싼 시계가 많은데 왜 그걸 차느냐고. 대답은 간단했다. 롤렉스니까.

한국에서도 생각해본 적 없는 보험 일을 미국에서 하게 되면서 자료가 많이 필요했다. 특히 매니저로서 더욱 그러했다. 에이전트들에게 동기 부여도 시키고, 또 제품 지식에 관한 교육도 시켜야 하므로 이런저런 정보가 많이 필요했다.

제품에 관해서는 이미 사내에 자료가 많이 넘치니까 어려움은 별로 없었다. 하지만 벤치마킹을 할 만한 업계의 챔피언들에 관한 정보가 필요했다. 더 큰 그림을 그리는 매니저가 팀도 더 탁월하게 만들 수 있을 것이었다.

그리고 무엇보다도 난 팀에게 롤렉스 같은 업계의 챔피언을 보여주고 싶었다. 그래서 처음 에이전트가 되었을 때부터 보험업계에서 세계적 리드를 하고 있는 한국의 보험왕들에 관한 이야기를 찾아 읽었다. 이왕 하는 거면 제대로 하고 싶었다.

길이 막혔다고 느낄 때, 나는 공상에 빠지곤 했다. 어릴 때부터의 습관이다. 거기서 난 못 하는 게 없다. 이 공상이란 단어를 요즘은 '상상'이라는 정확한 단어로 바꿔 사용한다.

지금 내게는 커리어 영역에서의 큰 목표가 있다. 여러 톱클래스 에이전트들과 파트너가 되는 일이다. 아침마다 이들은 나를 향해 웃는 얼굴을 보여주곤 한다. 이미 함께하고 있는 분들도 들어오기 시작했다. 내 안에 있는 부정적 의식만 버리면 더 많은 것들이 내게 달려올 것이다.

당신의 인생을 바꾸는 영업비밀 노트 한 줄

나는 하나님께서 사람들에게 길을 보여주시는 방법을 이렇게 이해하고 있다. 평평해 보이는 마른 땅이라도 물을 부으면, 우리 눈에 안 보이는 지면의 높낮이를 통해 물이 어디론가 흘러간다. 하나님은 지금까지 그렇게 조금씩 길을 보이셨다.

미루지 말고
지금 시작하라

• 나의 속 사람에게 물어보라 •

보험 영업직에 들어선 초기 즈음에 생긴 증세가 한 가지 있었다. 매주 월요일 아침은 전체 미팅이 잡혀 있어 사무실로 나가야 하는데 그때만 되면 여지없이 몸이 안 좋았다. 어떻게 말로 표현할 수 없는 느낌이었다. 아마도 많은 사람이 겪는 월요병과 같은 것이 아닌가 싶다. 그런데 내겐 지난 몇 년 간 전혀 없던 증상이라 너무 당황스러웠다. 이래서는 안 될 것 같았다. 너무 심각해지기 전에 손을 써야 할 것 같았다.

그래서 어느 날 월요일 새벽, 작심을 하고 노트를 펴고 도대체 무슨 이유로 그렇게 몸이 반응을 하는지 스스로 자문하면서 적어 내려갔다. 늘 적는 습관은 생각 외로 많은 걸 내게 기억나게 하곤 했다. 노트 적기가 나의 속사람과의 대화였다는 것을 깨닫게 된 건 아주 나중의 일이다.

난 지금도 나의 속사람, 또는 잠재의식을 '댄'(Dan)이라는 애칭으로 부른다. 현실 세계는 나를 '대니'(Danny)라고 불러주니까 같은 사람, 다른 세계의 주인공을 비슷하면서도 친근하게 이름 붙인 것이다. 어떤 일이 있어 걱정이 슬그머니 떠오르면 가슴을 가볍게 토닥이며 말한다. '댄, 놀랬지? 괜찮아. 아무 일도 아냐.' 그러면 슬그머니 진정되곤 했다.

이후 알게 된 바에 의하면, 잠재의식은 의식에서 어떤 느낌이 생기면 이를 기억했다가 나중에 비슷한 일을 겪을 때 의식에 돌려보낸다고 한다. 일종의 안전장치와 같은 것이다. 또 하나, 내 안에 있는 이 작은 아이 '댄'은 5살 정도라고 한다. 그런데도 그렇게 많은 능력이 있다고 한다.

월요일의 그 시간이 되면 문제를 일으키는 것의 정체는 다름 아닌 불안과 걱정이었다. 실적에 대한 부담이 있던 것이다. 무의식이 '내가 살아남으려면 수입이 있어야 하는데, 이번 주엔 아직 어떤 대책이 없다'고 경보를 울리는 것이었다. 지난달은 어느 정도의 실적이 있어서 잘 넘어갔는데 이번 주부터는 그야말로 다시 바닥부터 시작해야 한다는 것이 큰 부담으로 느껴졌다.

영업은 매일 뭔가 만들어내야 하는 일이다. 월급이나 연봉 등의 고정급을 받는 업무는 정해진 것들만 하면 급료를 받지만 영업은 매일이 전쟁이다. 영업을 잘하는 챔피언들은 나와 같은 초보들에겐 그야말로 신과 같은 존재로 보이곤 했다.

아까의 그 걱정을 조금 더 들여다보면서 메모를 했다. 왜 실적이 없을 것 같다고 생각했을까? 플래너를 펼쳐 보니 주간 시간표에 잡혀 있는 약속이 목요일과 금요일 한 개씩, 총 2개밖에 없었다. 오늘 월요일에 당장 만나러 갈 사람이 없어 그냥 공치게 된 것을 댄은 알고 있었던 것이다.

이런 사실에 대해 인지하는 것은 정말 중요했다. 약속이 2개밖에 없어서 걱정이 되었다는 것을 깨달으면 다음 행동을 하기가 쉬워지는 것이다. 내가 여러 힘든 상황을 만나면서도 비교적 쉽게 넘어가고 더 좋은 결과로 이어졌던 이유가 바로 이런 깨달음 때문이 아니었을까 생각한다.

그래서 댄과 나는 또 생각을 노트에 적어나간다. 앞으로 이렇게 약속 준비를 못 하는 상황에 대비하여 어떤 걸 해야 할까? 지난주에 약속 잡는 데 시간을 많이 할애하지 못한 게 생각났다. 당장 해야 할 업무 처리와 업무에 대한 공부에 시간을 너무 뺏겨 다음을 준비할 시간을 놓치게 된 것이다.

그래서 이번 주부터는 매일 아침 일을 시작하기 전에 한 시간씩 시간을 따로 내어 무슨 일이 있어도 2개씩 약속을 잡기로 했다. 이렇게만 하면 곧 내

플래너엔 약속들이 충분히 준비될 것이었다.

이 결심을 노트의 앞 장과 플래너의 앞 페이지에 크게 써붙여 언제라도 볼 수 있게 해놓았다. 정말 잘한 것이었다. 나를 가장 빠른 승진으로 이끌어준 매직이 바로 이 습관이다.

• 우선순위가 헷갈리면 인생이 없다 •

우선순위가 헷갈리면 인생이 없다. '중요한 것부터 하라'라고 하면 평범해 보여 제목을 바꿔본 것이다. 매일 출근하지 않아도 되는 영업 일은 자칫하면 쉽게 엉망이 되어버린다.

그간 여성 에이전트들도 여럿 채용해봤다. 남성과 여성 에이전트들은 시간 분배가 좀 달랐다. 나와 같은 남성 에이전트의 경우엔 아침 눈을 뜨면 가장 빠른 시간에 집을 빠져나와 일터로 복귀하는데, 여성의 경우는 집이 혹처럼 달려 있었다. 남편과 아이들 식사 준비, 등하교, 세탁 등등 동시에 해야할 게 너무 많았다. 이들에게는 이런 자잘한 집안일이 업무보다 항상 높은 우선순위에 있었다. 그래서 이런 일들을 모두 하고 나면 남는 시간이 별로 없었다.

언젠가 정기 건강 검사차 아침 일찍 병원을 방문했다. 데스크엔 젊은 여자 분이 앉아 있었는데 나를 접수하고는 전화를 한 통 받고 있었다. 일찍 출근 하는 바람에 미처 못 챙긴 게 있었는지 아이에게 당부 사항을 이야기하고 있었다. 시간제 일을 하는 분들은 이렇게 모든 집안일을 하면서도 일할 시간은 만들어내는데, 왜 우리 에이전트들은 그렇게 시간과의 싸움을 해야 하는지 심각하게 생각을 해본 적이 있다.

자세히 들여다보면 남자들도 크게 다르지 않았다. 집안 일만 아닐 뿐, 자잘한 일들에 너무 많은 시간을 뺏기고 있었다. 좋은 핑계로 사무실에 앉아 공부를 하지만, 그렇다고 공부는 하루 종일 할 일이 아니다. 공부만 한다고 거기서 돈이 나오는 건 아니기 때문이다.

같이 이야기를 나눠보면 대부분 목표 의식이 없고 일의 우선순위가 뒤죽박죽인, 의식 없는 사람이 꽤 많았다. 이런 이야기를 해주면 전부 다 알고 있다고 한다. 그런데 어떤 이유인지 전혀 시행이 안 되는 것이다. 조금만 해도 받는 보상이 훨씬 많을 텐데 말이다.

그건 타협이었다. 우리 팀원들은 어떤 일이든 바쁘게 시간만 보내면 된다고 생각하는 것 같았다. 그걸로 잠시 위로를 받는 것이다. 그것이 자신이 업무를 못 한 이유라고 합리화하는 것이다. 같은 양의 시간이지만 질은 없었다. 그 질은 우선순위에 따라 결정된다.

대학원 시절, 당시의 내 논문 지도교수가 해주던 유학 시절 이야기가 있다. 교수님은 유타주 주립대에서 공부를 했는데, 그의 지도교수가 한국 사람이었다. 그럼에도 그가 얼마나 철저했는지 봐주는 일이 없어 끔찍했다고 회상했다. 아침마다 실험 보고를 영어로 하곤 했는데 발음 도중에 'r'자의 발음이 틀리면 뒤돌아서서 1,000번씩 그 단어를 반복해서 발음하게 했다고 한다.

하루는 그가 밤새 많은 실험을 하고 뿌듯한 마음으로 데이터를 들고 지도 교수에게 가서 데이터를 보여주었다고 한다. 이번엔 칭찬을 들을지도 모르겠다고 기대도 했다고 한다. 그런데 쭉 훑어보던 교수님이 난데없이 벌에 관한 이야기를 했다. 벌이 하루 종일 많은 거리를 이동하면서 일을 하는 이유는 바로 한 방울의 꿀을 얻기 위해서이지, 많은 거리를 이동해 다니는 게 목적이 아니다. 그 먼거리 여행 중에도 꿀 한 방울 얻지 못하면 아무것도 아니라는 것이다.

"Mr. 양, 미안하지만 오늘 아침 이 데이터에는 그 한 방울의 꿀이 보이질 않네."

교수님이 내게 이 이야기를 하게 된 발단은 다름 아닌 나의 실험 데이터였다. 그날 내 데이터를 가지고 이야기를 하던 중이어서 곧바로 알아들을 수 있었다. 이날의 대화는 내가 시간이 없어 정신을 놓칠 때마다 회상하는 이야기이다.

이민 사회에서 보험 영업은 진짜 훌륭한 직업이다. 누구든지 6 Figure Income(6자리 수입, 십만 불, 억대연봉)을 가장 단시간에 할 수 있는 일이기 때문이다. 생각을 조금만 바꿔보면 이건 자기만의 프랜차이즈를 분양받아 하는 것과 같은, 자기만의 개인 사업이다. 비용 하나 안 들고, 아니 오히려 회사의 지원까지 받아가면서 일을 할 수 있다. 지난 세월 영업에 관한 경험 전혀 없이 40대 후반에 뒤늦게 일을 배워 20년 가까이 경제적으로 큰 어려움 없이 살아남은 나의 이야기가 그 증거이다.

그렇게 살아남는 데는 한 가지만 기억하면 된다. 우선순위이다. 그것만 지키면 얼마든지 자유로이 시간을 쓰면서도 생산성을 높일 수 있는 것이다.

워싱턴 주변에는 20년, 30년 이상 살면서도 그 흔한 DC 방문이나 미국 여행 한 번 못 해본 교민이 부지기수다. 그 좋다는 세난도어 스카이라인의 가을 단풍을 못 본 사람도 많다. 왜 그럴까? 모두 먹고사는 일에 매여서 그렇다.

왜 미국까지 와서 사는 것일까? 첫째는 삶의 질에 대한 우선순위가 다르고, 둘째는 자기가 결정한 일의 내용 때문이다. 난 지금도 많은 사람을 만나 일에 대해 이야기해주고 있다. 혹 미동부 워싱턴으로 오는 분이 있다면 571-214-3315로 연락 주기 바란다. 혹시 어떤 인연으로 이어질지 아는가?

당신의 인생을 바꾸는 영업비밀 노트 한 줄

어떤 일이 있어 걱정이 슬그머니 떠오르면 가슴을 가볍게 토닥이며 말한다. '댄, 놀랬지? 괜찮아. 아무 일도 아냐.' 그러면 슬그머니 진정되곤 했다.

지금 하는 생각이
미래를 결정한다

· 지금이라는 시간 ·

지난 몇 년간 온갖 수고를 해서 쌓아놓은 실적을 한순간에 잃어본 적이 있는가? 내 안에 있는 모든 열정을 갖고 열심으로 일을 했는데 그 수고가 순식간에 모두 사라져버린다면 어떤 기분이 들까? 이 큰 낭패를 어떻게 해야 만회할 수 있을까?

난 이런 실수를 한 적이 있다. 좋은 재능을 가진 사람을 뽑고, 열심히 지원해 좋은 결과도 거두었다. 그리고 더 큰 계획으로 나아갈 즈음의 어느 순간,

그 모두를 잃어버린 일이 내게 일어나고 말았다.

언젠가 한창 일이 잘되고 있을 즈음, 서운하고 분한 마음 하나가 불쑥 마음을 치고 들어왔다. 그 마음은 계속 내 안에 똬리를 튼 채 머리를 세우고 나의 생각을 몰고 갔다.

'어떻게 그가 내게 이럴 수가 있을까?'

서운함은 매번 내 생각을 가득 채운 채 나를 코너로 밀어붙였다. 서운해서 잠을 설치는 날이 많았다. 그 기간이 길어져 해가 넘어가고, 급기야는 팀 모두를 모두 떠나보내야 하는 일까지 발생하고 말았다.

시간이란 건 참으로 미묘하다. 우리는 시간이 그냥 X축의 좌에서 우로 흘러가버린다고 생각한다. 그래서 한 번 지나간 시간은 영원히 떠나 돌아오지 않는다고 믿는다. 다시 말해 우리의 지나간 시간은 그냥 과거일 뿐, 지금의 나와 아무 상관이 없다고 믿는 것이다.

나의 실패를 보면, 해를 넘기는 그 긴 시간 동안 나는 그런 생각으로 우두커니 방관만 하고 있었다. 서운함을 품은 채 마냥 시간을 허송한 것이다. 나중에야 얼마나 이것이 어리석고 미련한 일인지 겨우 알게 되었다.

당시는 나의 느낌이나 생각과 시간이 갖는 상관관계를 전혀 알지 못했다.

곰곰이 생각해보면 당시에 내가 처한 어려운 형편은 그냥 생긴 것이 아니었다. 좋든 나쁘든 어떤 원인 때문에 생긴 결과였다. 내가 과거에 했던 어떤 결정이나 행위가 그때 그 모습으로 나타난 것 뿐이었다.

보통의 경우, 사람은 어떤 어려운 형편에 처하면 힘들다고 아우성을 친다. 그뿐만이 아니다. 누군가를 기억 속에서 불러내어 그에게 모든 책임을 지운다. 그리고 그를 원망하고, 억울해하고, 그 사람 때문에 이런 일이 생겼다고 불평을 쏟아놓는다. 그런데 이것을 조금만 돌이켜 생각해보면, 내가 원흉이라고 여기는 그 사람은 오히려 희생자이다.

예를 들어보자. 지난날 내가 다른 일로 기분이 상해 있을 때 그 자리에 있던 그에게 괜히 언짢은 말을 한 것이 사단이었다. 마침 다른 일로 역시 기분이 상해 있던 그가 내 말을 듣고 다시 내게 화를 냈다. 그리고 그 일로 문제는 걷잡을 수 없이 커져버렸다. 그 영향이 돌고 돌아 지금 내게 다시 돌아온 것이다. 그때 그에게 아무 말을 하지 않거나 화만 돋우지 않았어도 지금과 같은 일은 없었을 것이다.

지금 이 순간의 시간은 그냥 지나가버리는 게 아니라 미래의 시간을 펼치고 있다. 다시 말하면 현재는 미래와 함께 가는 것이다. 앞에서 나는 긴 시간 동안 사태를 개선하는 노력 대신 앞으로 다가올 시간에까지 서운함과 화난 감정을 심고 있었다. 그렇게 줄기차게 나쁜 감정을 실어 보냈으니 충직한 시간은 거기에 맞는 정확한 결과를 내 앞에 펼쳐 보여주었을 뿐이다. 그때 만약 이 사실을 알았더라면 아마도 나는 다른 시도를 하지 않았을까?

정리하면, 지금 내가 경험하는 시간은 바로 전에 내가 뿌린 생각을 거두는 것이다. 마찬가지로 지금 내가 하는 생각은 바로 또 다른 씨앗이 되어 곧 미래에 그 열매를 거두게 될 것이다. 즉 내가 지금 어떻게 생각하느냐가 바로 나의 미래가 된다. 그래서 어떻게 보면 '지금'이라는 시간은 바로 나의 과거와 현재, 장차 올 시간 모두를 포함하는 것이다.

닐 도날드 월쉬는 『신과 나눈 이야기』에서 다음과 같이 기록하고 있다.

"시간은 연속체가 아니다. 그것은 수평이 아니라 수직으로 존재하는 상대성의 요소이다. 존재하는 것은 오직 한순간, 영원한 지금 순간뿐이다."

• 지금 이 시간, 무엇을 심어야 할까 •

오늘을 열심히 산다고 생각했는데, 과거와 미래에 대한 염려, 불안과 걱정으로 가득 차 있는 경우가 많다. 늘 불안해하고 마음을 안정시키지 못한 채 미래를 걱정한다. 분명 지금 열심히 사는 것 같은데, 거기에는 막상 내가 없는 것이다.

'현재'가 비집고 들어올 틈이 전혀 없어서 지금 마땅히 누릴 수 있는 온갖 좋은 것들을 누리지 못한다. 좋은 옷을 입어도, 좋은 음식을 먹어도, 좋은 집에 살아도, 좋은 직장에 다녀도 도무지 안정감을 누릴 수가 없다. 더운 날 그늘에서 맞는 산들바람의 시원함조차 느낄 여유가 없다.

중요한 건 이런 마음 상태를 자신이 알아야 한다는 사실이다. 깨어남이 필요한 것이다. 아름다운 미래를 거두고 싶다면 염려나 불안이 아니라 행복한 생각과 느낌을 심어야 한다. 줄기차게 떠오르는 부정적인 생각과 감정들은 의식적으로 거절하고, 현재에 집중해 작더라도 행복과 즐거움을 느끼려는 노력을 하는 것이다.

이른 아침, 새벽 이슬 머금은 숲길을 걸으면서 맛볼 수 있는 시원한 바람결, 그리고 떠오르는 태양의 환한 햇살을 가슴 가득 채워본 적이 있는가? 바로 그런 순간에 느끼는 긍정적인 생각과 느낌이 바로 나에게 펼쳐질 미래를 느끼는 것이다.

지금이라는 시간엔 절대로 염려나 분노나 두려움을 심어선 안 된다. 이런 노력이야말로 미래를 아름답고 풍요롭게 만드는 가장 확실하고 쉬운 방법이다. 차를 마실 때 한 잔의 향긋한 차에 집중해 향기로움을 느낄 수 있는 여유를 심는다면, 또한 그런 미래가 다가올 것이다.

'비키(가명)'는 늘 불행하다. 출근하면 내 방으로 쪼르르 달려와 지난 밤 남편과 싸웠던 일들을 털어놓는다. 남편은 목사님인데 그녀의 말에 의하면 아내를 전혀 이해해주지 않는다. 목사님은 내가 알기에도 꽤 나이스한 분이다. 신학교에서 강의도 하고 부업으로 하는 일도 잘되는 편이다.

그런데 이 둘은 평생 살면서 같은 시간을 공유하지 못했다. 서로 다른 세계의 사람이라고 아주 치부해버린 것 같았다. 그러다가 미국에 오게 되고, 아이들이 커서 나가고 나니 둘만 남았다. 이제 전에 바빠서 감춰졌던 것들이 적나라하게 드러났다.

더 심각한 것은 이 둘은 이 간격을 좁힐 노력을 전혀 하지 않으면서 자신들의 세계를 알아달라고 주문만 하는 것이다. 그리고는 지난 시간 자신들이 뿌려놓은 씨앗이 가져온 지금의 결과를 끔찍해하고 있었다.

오늘, 지금이라는 시간에 내가 곧 맞을 시간을 위해 기대를 심는다. 머릿속으로 원하는 찬란한 상상들을 기분 좋은 느낌으로 맞는다. 지금까지 내가 심은 시간들은 정직했다. 이제는 다른 결실들을 얻고 있다. 그 중 가장 좋은 증거는 바로 지금 이 책을 쓰고 있다는 것이다.

당신의 인생을 바꾸는 영업비밀 노트 한 줄

지금이라는 시간엔 절대로 염려나 분노나 두려움
을 심어선 안 된다.

· 07 ·

나는 무엇을
잘할 수 있는가?

· 내가 가진 강점은 무엇일까? ·

전에 근무하던 회사에서 세계적 품질관리 인증제도인 ISO 9000을 추진하는 일에 참가한 적이 있다. 이전에도 군에 납품되는 제품들을 위해 'KS' 마크와 '품' 자 마크를 준비한 경험이 있어 많이 생소하지는 않았다.

ISO 9000을 추진할 때는 '로이드(Lloyd)'에서 전문가가 파견 나와 지도를 했다. 정해진 절차와 목록에 따라 플랜트의 전반적인 운영 항목들을 진단하고 그에 따른 개선 사항을 제시했다. 그러면 해당 부서들은 합의된 일정에 따라 제시된 협의된 사항을 준비했다. 이런 단계를 완전히 완료될 때까지 반복했다.

　재미있는 사실은 항목들이나 제시된 내용이 어느 규격이나 크게 달라 보이진 않았다는 점이다. 비싼 '로이드'의 전문가에게 굳이 의뢰하지 않아도 자체적으로 충분히 할 만하다고 생각했다.

　일정한 규격의 제품이 나오도록 필요한 제반 항목들을 찾아 열거하고, 지금 그에 못 미치는 사항들도 함께 확인을 한다. 그리고 그 편차들을 어떻게 해결할지 함께 논의했다. 다음은 팀으로 합의된 항목들을 도출하고 계획을 세워 하나씩 완료하는 것이다.

　대부분의 해결책은 그 자리에서 제시되기 마련이다. 중요한 것은 그것들이 실제로 시행되게 하는 일이다. 그대로 시행만 된다면 끝나는 일이다. 거기엔 권위가 필요했고, ISO는 그것을 보증했다.

　늦깎이로 보험업에, 그것도 미국이라는 나라의 보험업계에 매니저로 일을 시작하게 된 나는 먼저 나를 정확하게 분석하는 일이 필요했다. 15년 동안 엔지니어로만 일해온 내가 과연 영업의 꽃이라는 이 업계에서 잘해나갈 수 있을까는 중요한 질문이었다.

　그렇지만 과연 내가 살아남을 수 있을까는 생각하지 않기로 했다. 대신 얼마나 더 잘할지 생각했다. 보험 자격증을 준비하면서 개념이 안 잡혀 헤맬

때, 아무리 공부를 못했어도 'C'를 받아본 적이 없다는 것을 상기하며 스스로 다독이곤 했다. 덕분에 보험에 관련해서 많은 테스트를 거쳤지만 모두 한 번에 패스를 했다. 이건 그냥 심리전일 뿐이었다. 내가 마음먹는 대로 된다고 믿었다. 매니저로서의 일도 마찬가지라고 생각했다.

보험회사의 매니저가 수행해야 할 기능은 다양했다. 예를 들면 리쿠르팅, 에이전트 훈련(지식, 현장), 평가 및 멘토링, 마케팅 활동, 팀 실적 관리 등등. 그렇지만 뭐가 되었든 실적이 제대로 나오게 하는 게 가장 중요했다. 이 많은 기능을 모두 수행하는 게 정말 녹록지 않았다. 빠른 시간에 매니저가 된 것은 내게 분명히 좋은 일이었지만 장기적으로 볼 때 독이 될 수도 있었다.

그래서 내 성격의 경향이나 관리 경험에서 얻었던 나의 강점과 약점을 가감 없이 노트에 적어나갔다. 시간이 지난다고 해결될 일이 아니었기 때문이다. 앞서 ISO 9000을 준비할 때처럼 나의 약점을 보완하기 위해 필요한 기능들을 자세히 적고, 앞으로 어떤 도움이 필요한지 열거했다.

나는 사람을 만나 새로운 직업 세계로 소개하는 리쿠르팅에 자신이 있고 재미도 느꼈다. 그리고 플래닝이나 실적 관리, 문제 해결 등은 내가 늘상 하던 일이어서 매커니즘이 크게 다르지 않을 것 같았다.

또 하나 내가 고려했던 사항은, 내가 원하는 규모의 비즈니스가 될 때까지의 소요 시간 예측이었다. 매니저의 시간이란 것이 얼마나 빠르게 지나가는

지, 뭔가에 정신을 팔면 하루를 낭비하기 일쑤였기 때문이었다.

그리고 내가 정말 원하는 규모의 비즈니스 성취를 위해 업무 내용을 재배치하는 것도 중요했다. 나의 약점도 약점이지만 가능하면 많은 리소싱이나 위임으로 일을 추진하는 시스템을 만들려고 했다.

보통의 매니저들은 업무 분담이나 권한 위임을 잘 하지 않으려 한다. 어떻게든 자기가 꼭 필요한 인물임을 보이고 싶은 것이다. 그러나 그렇게 하면 조직은 커지기 어렵다. 아무리 자신이 능력이 많다 해도 소소한 일에 시간을 뺏기면 정작 제일 중요한 성장에 관한 일을 할 수 없고, 매니저 자신은 '번 아웃(burn-out)' 되기 마련이다.

가장 도움이 필요한 사항은 에이전트들의 훈련에 관한 것이었다. 나 스스로도 많은 훈련이 필요한 때여서 어느 회사에서 근무하든지 늘 그 분야에서 도움이 될 인재를 찾곤 했다. 주간 단위의 클래스 훈련도 그랬지만, 신입 에이전트들의 경우 현장에서도 보고 배우도록 신경을 써야 했다. 그를 위해서 신입-경력 에이전트의 조인트 플레이를 운영했다. 늘 잘되었던 건 아니지만 잘 맞는 경우는 꽤 좋은 결과를 내곤 했다. 이런 조합은 마켓을 확장하는 데 특히 도움을 주었다.

이렇게 작성한 분석과 대책안을 가지고 에이전시의 책임 매니저를 만나면 그는 실제로 많은 도움을 주었다. 본사와의 전문가를 연결해 특별 지원을 많이 받았는데, 나중에 고급 플래닝이 필요할 때 좋은 결과를 얻곤 했다.

비록 영업 경험이 많이 없었지만 이런 식으로 나의 비즈니스를 확장하는 데 힘을 썼다. 이런 능력이 바로 나의 가장 큰 장점이기도 했다. 어차피 조직은 커질 것이고, 그렇게 되면 나 혼자 업무를 다 할 수 없을 것이므로 아웃소싱할 수 있는 큰 틀을 짜는 것이었다.

• 신입 vs 경력 •

그간 책을 통해 읽은 바로는, 미국에서 보험 에이전시를 운영하는 방법은 한국의 그것과 많이 다른 것으로 보인다. 한국식의 에이전트 관리 방법을 미국의 메이저 회사들은 사용하지 않는 것으로 알고 있다.

미국 보험사는 에이전트들을 강제로 출퇴근시키는 제도가 없다. 매일 출근하는 것을 권장하긴 하지만 강제로 하지는 않는다. 주간별 트레이닝이나 필수 미팅을 제외한 나머지 시간은 각자의 스케줄에 따라 일을 한다. 그리고 주별로 해당 매니저와 면담 시간을 운영하면서 진도를 확인하고 도움을 주고받는다. 이것도 연수가 올라가면서 격주 또는 월 단위로 빈도가 떨어진다.

나도 혼자 일하는걸 좋아하기 때문에 사사건건 간섭하는 걸 극도로 제한했다. 모두 나처럼 일하고 있을 거라 믿고 싶기 때문이다. 본인만큼 자신이 미국에서 살아남아 성공하길 바라는 사람이 또 어디 있겠는가?

내 경우 지시를 기다리기보다는, 작성한 업무 리스트를 가지고 보스를 찾아가 나의 진행 상황을 먼저 알려주고 필요하면 도움을 요청하곤 했다. 이것이 가장 생산적인 미팅이었다. 난 보스를 절대 궁금하게 만들지 않았다.

나의 철학 중 하나는 '나의 가장 중요한 클라이언트는 바로 나의 보스다.'였다. 왜냐하면 보스가 나의 감독자라고 하기엔 그가 나의 비즈니스를 위해 도와줄 수 있는 것이 너무 많았기 때문이다. 나도 자주 만나게 되는 에이전트에게 하나라도 더 주었다. 어떤 때는 손님 케이스를 주기도 했었다.

에이전트들을 보고 있으면, 잘 하는 사람들은 그 움직임이 정말 간단하다. 군더더기가 없다. 가장 효율적이고 심플한 나름의 루틴을 만들고는 꾸준히 그 일을 한다. 처음엔 시간이 좀 걸리지만 잘 정착되면 효력을 보는 것이다. 앞서 이야기한 세계적 표준인 ISO 9000의 스텝들은 정말 간단하다. 문제는 시행의 여부이다. 그대로 시행하기만 하면 세계적 품질이 되는 것이다.

신입 에이전트들은 잘하는 에이전트들이 어떻게 일을 하는지 몹시 궁금해 한다. 그래서 자리를 만들고 이야기를 듣는 시간을 갖기도 한다. 그런데 미팅이 끝나면 반응이 시큰둥하다. 그런 건 자기도 이미 다 알고 있다는 것이다.

이들은 챔피언들은 자기들이 모르는 특별한 걸 하는 줄 아는 것 같다. 그래서 비법을 안 가르쳐준다고 생각한다. 그런데 챔피언들은 정말로 감추지 않는다. 어차피 가르쳐줘도 안 할 걸 알기 때문에 애초부터 경쟁자가 아니라는 것을 알고 있다.

보험업과 같은 영업은 지극히 간단하다. 하루에 일정한 수의 사람만 꾸준히 만나도 당락이 결정된다. 그 간단한 것을 해낼 꾸준함만 있으면 성공하는 것이다.

미국의 보험업은 고수익 사업이다. 보상 시스템이 6 Figure Income의 10만 불 이상의 소득을 가장 빠르게 얻을 수 있도록 마련되어 있다. 그런데 이직율이 가장 높은 직종이기도 하다. 도대체 뭐가 문제일까?

어떤 조직에서도 결과를 만드는 영업비밀 노트

· 2 장 ·

나는 인생의 모든 것을
영업에서 배웠다

운은 버스와 같아
결코 돌아오지 않는다

• 인생의 준비는 내게 달려 있다 •

나는 대학에서 화학공학을 전공하고, 관련 회사들을 15년간 다녔다. 첫 직장에 입사하고 나서 5년쯤 지나니 갑자기 일이 지루해졌다. 입사 초기만 해도 신규 프로젝트가 많아 정신없이 일을 했는데, 모든 게 정상화되고 나니 매너리즘이 찾아온 모양이었다. 매일 똑같은 루틴을 따르는 일이 아무런 재미가 없었다. 어쩌다 책을 한 권 봐도 머릿속에 들어오지 않았다. 뇌가 그냥 석화된 듯했다.

생각 끝에 당시 막 신설된 '공인중개사' 시험에 응시하기로 했다. 대충 보니 만만해 보였다. 그래서 교재를 준비하고 혼자 공부를 시작했다. 그런데 그게 큰 오산이었다.

당시에 이 시험은 민법, 상법 등 7개의 법을 공부해야 했던 걸로 기억난다. 막상 공부를 해보니 이공계 출신인 내가 법의 개념을 이해하는 것이 너무 어려웠다. 특히 민법이 어려웠다. 학교 다닐 때 독서한다고 책을 읽었지만 그것은 법의 개념을 이해하는 것과는 사뭇 달랐다. 너무 추상적인 개념이어서 어떻게 이해해야 할지 몰랐다.

이때 깨달은 것이 영어, 수학 공부하듯이 법도 연습을 많이 해야 한다는 점이다. 각 법마다 제법 많은 문제를 풀었던 것 같다. 그러고 나서야 비로소 개념이 조금씩 머리에 들어오기 시작했다.

시험 마지막 한 주간을 남겨놓고 휴가를 내서 시골에 내려가 총정리를 했다. 그렇게 해서 공인중개사 1회 시험을 무사히 통과했다. 뿌듯한 성취감을 느꼈지만, 문제는 직장을 다니고 있어 그 자격증을 사용할 기회가 전혀 없었다. 그래도 그로 인해 머리가 많이 부드러워진 것 같았다.

공인중개사 자격증 시험 후, 손에서 책을 놓으면 머리가 또 굳어질 것 같아 차제에 한 발 더 나가기로 했다. 회사에 알리지도 않고 대학원에 진학하기로 한 것이다. 학교에 찾아가 시험정보를 얻어, 대학원 과정 시험을 준비했다.

앞서 공인중개사 공부를 한 관계로 이건 꽤 할 만했다. 그리고 무난히 시험을 패스했다. 시험을 통과하고 나서 부서의 부서장께 상의를 드렸다. 익살스럽게 학사를 부하로 두어 부려먹는 것과 석사를 부려먹는 것 중 어느 것이 더 좋겠냐고 의견을 개진했던 것 같다.

그로부터 일주일 정도 지나서 공장장님의 호출이 있었다. 그의 방으로 들어서니 우리 부서장들도 함께 있었다. 공장장님의 말씀은 다른 사람들과의 형평성 때문에 학비를 대주지는 못하겠지만 대신 일주일에 하루는 학교에 가서 공부할 수 있도록 시간을 허락해주겠다는 이야기였다. 그리고 이에 대한 어떤 옵션도 달지 않았다.

나의 이러한 행보가 같이 근무하던 동료들이나 여타의 사람들의 눈에 곱게 비쳐지지는 않았지만 그건 나와는 아무 상관이 없는 일이었다.

생각해보면 모든 한계는 스스로 만드는 것이다. 나는 한계를 예단하고 그 안에 들어가 앉아 있었던 것이다. 아무도 나보고 그렇게 하라는 사람은 없었다. 있는 힘껏 부정적이 되어 그걸 스스로 정당한 것처럼 합리화하고, 그게 맞는 것이고 공평한 것이라고 믿었다.

가만히 앉아 스스로에 대해 생각할 시간을 가지면 아마 떠오르는 게 있을 것이다. 이렇게 사는 게 과연 맞는 건지 아닌지, 내가 지금 몸 담고 있는 나의 환경이 과연 나에게 어울리는 건지 아닌지. '어울린다'는 표현이 참 적합하다고 생각하곤 했다. 지금 이 조직에서 내가 어울리는 사람인지 아닌지, 내가 지금 하는 이 일이 과연 어울리는 건지 아닌지.

내가 첫 직장 대리 시절, 우리 부서의 직원 하나가 내게 말했다.

"이 대리님, 전 아무리 생각해도 대리님이 여기 계실 분이 아닌 것 같아요."
"무슨 말이에요? 그럼 내가 어디 있어야 할 것 같은가요?"
"제가 생각하기엔 대리님은 미국 같은 나라에서 일을 해야 할 분 같아요."
"왜 그렇게 생각하는데요?"
"모르겠어요. 그냥 그런 생각이 들어요. 늘 그렇게 생각하곤 했어요."

아마도 이 뜬금없는 소리 때문에 오늘날 미국의 전혀 다른 환경에서 내가 살고 있는지도 모를 일이다.

●　　준비된 만큼 정확하게 열리는 문　　●

위의 대학원에서 공부를 마치고 과장 승진을 앞에 놓고 있을 무렵, 회사는 나를 내가 원하지 않는 부서로 발령을 내려 했었다. 내가 근무하고 싶은 부서는 생산부서였는데 이상하게 구매부서로 가라는 명령이었다. 이미 내 뜻을 밝혔는데도 회사는 그쪽에 가서 구매 표준화 등의 일을 추진해주길 원했다.

혹자는 내가 왜 그렇게 좋은(?) 부서를 마다하는지 이해를 못했다. 당시 구매부의 일은 여러가지 이유로 나와 맞지 않는다고 생각하고 있었다. 문제를 풀어가는 방식이 전혀 맞지 않아 마음이 편치 않았기 때문이었다.

지나가는 말로 회사를 그만두어야 하나 중얼거리는 걸 구매부의 부하 직원이 들었나 보다. 그 직원은 '듀폰 코리아'를 구매선으로 관리하고 있었다.

"이 대리님, 지금 '듀폰'에서 플랜트를 새로 짓는다고 필요한 간부들을 지금 찾고 있다는데요. 연락해볼까요?"

몇 주 후 '듀폰 코리아'의 인사부에서 나를 만나고 싶다는 연락이 왔다. 약 8년간 다닌 회사를 이렇게 접어야 하나 하는 생각으로 만감이 교차했다. 그렇지만 아직 그냥 인터뷰 정도니까 응하기로 했다. 또 그런 회사는 도대체 어떤 회사인지 궁금하기도 했다.

약속된 날, 나는 인터뷰라는 걸 난생처음 제대로 경험했다. 아침부터 시작된 미팅은 점심도 같이 나누며 프로젝트 매니저와 관계 인사들, 그리고 온종일 인사부 책임자 등과 몇 번씩의 미팅을 가졌다.

해당 프로젝트에 필요한 인원은 다 선발해 이미 미국으로 연수를 떠난 상태였고 지금 나를 인터뷰하는 부서가 마지막이었다. 아직 적임자를 못 찾고 있었기 때문이라는 설명이었다. 그래서 입사하게 되면 곧바로 미국으로 떠나야 한다고도 했다.

난 좋은 느낌을 받았다. 나를 살펴보기 위해서라기보다는 그 프로젝트에 대해서 내게 프레젠테이션을 해주고 있다는 느낌이 들었기 때문이었다. 이미 내가 필요한 햇수의 경력과 해당 학과의 석사 학위를 가졌다는 사실에 더 이상 전공에 대해선 검증이 필요없다는 생각을 한 것 같았다. 대우까지 다 이야기를 나누고 오후 늦게야 집으로 돌아왔다.

다음 날, 아침 일찍 어제 만난 '듀폰' 인사부의 관계자가 전화를 해왔다. 지금 다니는 회사를 정리하고 새로 일을 시작하는 데 얼마 정도의 시간이 필요한지 물었다. 그리고는 입사 확정 통보를 했다.

기존 회사에서 내가 받던 대우보다 월등히 대우가 좋아서 많이 놀랐다. 또 일하는 환경이 상당히 달랐다. 독자적으로 결정하고 진행할 수 있는 책임과 권한도 보장해주었다. 모두 각자 자기의 직무설명서에 기술된 대로 일하면 되었다. 굳이 남을 의식할 필요도 없었다. 또 나에게 필요한 리소스는 얼마든지 제공이 되었다. 단지 정확히 소통할 수 있는 기술만 있으면 되었다. 심지어 해외 출장을 다녀오면서도 아무도 챙길 필요가 없었다. 출장이 너무 많기도 했지만, 그렇다고 누구에게 잘 보이려 할 필요가 없었기 때문이기도 하다. 비용도 실비 정산이라 쓸 돈도 별로 없었다.

'듀폰'은 그야말로 화학 관계자들에겐 고전적 상징과 같은 회사이다. 200년

역사의 나일론을 처음 합성한 회사라고 교과서에서도 배웠기 때문이다. 그런 사실 하나만으로도 이런 회사에서 일할 수 있는 기회는 많은 긍지를 가질 만 했다. 이런 문이 내게 열릴 수 있던 것은 내가 준비되어 있었기 때문일 것이다.

내가 미국의 보험업에 들어와서 불과 몇 개월만에 에이전트에서 매니저로의 오퍼를 받을 수 있었던 것도 이와 무관하지 않을 것이다. 그때는 이미 매니저로서 갖춰야 할 사회적 경력과 필요한 라이선스를 모두 획득하고 있어 회사의 필요에 즉시 응답할 수 있기 때문이 아니었을까?

내가 근무할 당시의 '듀폰 코리아'가 속해 있던 아시아·태평양 지역의 담당 사장은 채드 할러데이였다. 그는 나중에 전체 회사의 회장이 되어 200년 동안 '듀폰'의 상징이자 근간 사업이었던 나일론 사업부를 매각해버린다. 많은 우려 속에 행해진 이 결정은 다행히 회사에게 더 많은 수익을 돌려주었다. 이런 결정을 내릴 만큼의 담대함 이면엔 어떤 준비가 있었을지 궁금했다.

당신의 인생을 바꾸는 영업비밀 노트 한 줄

모든 한계는 스스로 만드는 것이다. 나는 한계를 예단하고 그 안에 들어가 앉아 있었던 것이다. 아무도 나보고 그렇게 하라는 사람은 없었다.

성공보다 중요한 것은
오래 살아남는 것이다

• 환경의 변화에 민감하기 •

내가 미국에 도착해 생전 처음 보험업에 입문한 나이가 40대 후반의 꽤 늦은 나이였다. 그 당시론 꽤 많은 나이라고 생각했다. 지금 생각해보면 오히려 그 정도는 풋풋한 나이가 아닐 수 없다.

처음에 보험을 하겠다고 하니까 사람들의 눈치가 꽤 의아한 표정이었다. 마치 얼마나 오래하는지 두고 보자는 의미처럼 보였다. 왜 하필 그 힘든 보험을 하느냐고 대놓고 염려해주는 사람들도 있었다. 재미있는 건 그렇게 염려를 해주는 사람들 대부분 지금껏 나한테 보험 하나 안 들어줬다는 사실이다.

지난 18년을 돌아보면 보험업은 가장 효율적으로 시간을 사용하게 했고, 전문인으로서의 커리어를 쌓을 수 있게 해줬으며, 큰 보람도 주었다. 회사를 몇 군데 옮기긴 했지만 그건 흠이 될 수 없다. 독립적으로 일하는 조직들이 자신들의 조건에 맞춰 일하는 건 당연지사이기 때문이다.

매니저급 리더도 배출해냈고 그중에는 나를 추월해 더 높은 곳으로 올라갈 사람도 있을 것이다. 나를 원하는 회사들이 몇 년째 계속 연락을 해오고 있다는 사실도 나를 충분히 흥분하게 한다.

워싱턴 DC 근교의 메릴랜드나 북버지니아의 지난 시간들의 업계 동향을 살펴보면 비즈니스 환경이 많이 변화해왔다. 이에 따라 보험업에 종사하는 에이전트들의 이동도 함께 변하고 있다. 또 Covid19의 영향으로 얼마나 더 바뀔지는 아무도 모른다. 이로 인한 지난 6개월간의 근무 환경은 그야말로 급진적이라 할 만큼 달라졌다.

큰 사이즈의 사무실들이 거의 모두 닫혀 있고 사람들은 각자의 처소에서 일을 할 수밖에 없는 때가 많았다. 업계는 살아남기 위해 계속 충원이 필요하지만 채용을 해도 수용해 훈련시킬 여건이 안 되니 미국의 회사들은 일찌감치 그에 대한 대비를 하고 있다. 이들은 살아남기 위한 행동을 정말 빠르게 하는 걸 알 수 있다. 이런 세계적 변화의 한가운데서 과연 우리는 어떻게 살아남아야 할까?

• 난 은퇴하지 않는다 •

종종 질문을 받는다. 언제쯤 은퇴할 예정이냐고. 물론 예전 같으면 하루라도 빨리 은퇴하고 싶었을지 모른다. 그러나 지금은 사정이 달라지고 있다.

결론부터 얘기하면 건강만 받쳐준다면 난 은퇴 계획이 없다. 이미 내가 좋아하는 일을 하고 있는 관계로, 굳이 그만둬도 더 재미있을 게 없을 듯하다. 나의 약점을 보완해줄 기능도 있어서 이 분야에서 내가 원하는 일만 나의 스케줄대로 일하면 될 것 같다. 이를 위해 조직도 미리미리 재배치하고 있다.

은퇴자들이 꿈같이 생각하는 여행도 일의 일정에 따라 얼마든지 조정이 가능할 것이다. 여행하자고 일을 포기할 필요는 없을 듯 싶다. 금년은 Covid19 때문에 여건이 안 되었지만 난 매년 2주 이상 여행을 다녔다. 미국은 도로 여행의 천국이다. 지금까지 다닌 여행을 열거해보겠다.

- 콜로라도 덴버로부터 유타주 솔트레이크를 거쳐 옐로스톤을 돌아 다시 덴버의 로키까지 (5,500km)

- DC에서 메인주로 올라가 캐나다의 노바스코시아를 거쳐 퀘벡, 몬트리올, 오타와를 돌아 워싱턴으로 귀환 (5,000km)

- DC에서 동쪽 맨 남단 플로리다의 키웨스트를 돌아 뉴올리언즈를 거쳐 워싱턴까지 (2,800km)

- DC에서 시카고로 올라가 미국의 첫 하이웨이인 66번을 타고 캘리포니

아의 산타모니카 종점까지 내려갔다가 라스베가스, 덴버를 거쳐 다시 워싱턴까지 대륙 횡단 (12,500km)

- 미국 오대호를 모두 돌아 캐나다의 토론토를 거쳐 뉴욕을 통해 DC까지 (4,500km)

- DC를 출발해 시카고 북부의 캐나다 국경을 넘어 밴프까지의 횡단 여행 (10,000km)

- 하와이 마우이섬의 하나 (Hana) 하이웨이를 따라 섬 전체를 도는 여행

- 서부 워싱턴주 시애틀에서부터 101 해안도로를 타고 캘리포니아의 LA 까지의 종주 여행

아직 알래스카까지의 도로 여행을 못 했는데, 그게 다음 여행의 첫 버킷리스트 항목이 될 것이다. 그다음엔 유럽을 돌고 싶다. 북구의 피오르드를 보게 되면 아마도 천국의 모델을 다시 설계할 수 있을 것 같다. 그 뒤엔 동구의 나라들에서 음악, 맥주, 와인, 카페, 그리고 그들의 역사를 보고 싶다. 그러고 나면 남미로 가지 않을까?

사실은 최근 많이 달라진 고국 한국의 변화상을 돌아보는 것도 큰 제목 중 하나이다. 1996년 한국을 떠난 이래 엄청나게 달라진 모습에 대해 많이 듣고 있는데 그 모습을 언젠가는 내 눈과 마음에 담고 싶다.

여행 외에 한 가지 더 하고 싶은 게 있다. 그것은 책 쓰기다. 오랫동안 생각

해왔던 대로 책을 쓸 수 있다면 정말 재미있을 것 같다. 책 쓰기는 나의 아주 좋은 플랜 B가 될 것이다.

몇 년 전부터 난 아침마다 만 보씩 걷고 있다. 난 에이전트들에게 아파서 일을 할 수 없다는 변명을 해야 한다면 그건 프로답지 못하다고 이야기하곤 한다. 왜냐하면 영업인이 하루를 영업 현장에서 떠나게 되면 그 공백을 메우는 데 3일이 필요하고, 한 주간을 떠나 있으면 3주간이 지나야 정상적인 페이스가 되기 때문이다. 이는 영업인이면 누구나 일찍 몸으로 배운 일이다. 따라서 오래 일을 한다는 것은 그만큼 건강해야 한다는 뜻이기도 하다.

이 모든 생각은 바로 영업 현장에서 배운 것들이다. 영업은 고정급을 받는 업종처럼 모든 게 당연한 게 아니다. 스스로 살아남는 법을 익혀야 한다. 기본 훈련은 시켜주겠지만 살아남아야 할 당사자는 바로 자신이기 때문에 스스로 목표도 세우고 전략도 짜고 점검도 해야 한다. 제일 중요한 전략은 오래 행복하게 살아남는 것이다.

> **당신의 인생을 바꾸는 영업비밀 노트 한 줄**
>
> 제일 중요한 전략은 오래 행복하게 살아남는 것이다.

03

좌절하지 말고
새로운 방식으로 재설정하라

• 좌절의 시간들은 절대 끝이 아니다 •

사람의 능력은 어떤 한계에 부딪혔을 때 비로소 나오는 것이 아닐까? 모든 것이 안정되어 있고 평안할 때는 그 능력이 나타날 기회가 없다. 어떤 어려운 상황이 나타날 때 비로소 그것은 기지개를 펴고 슬슬 활동할 기회를 맞는다.

내가 어릴 땐 스스로를 참 한심하다고 생각했다. 소신도 없고, 딱히 스스로 할 용기도 없는 데다 남의 눈치나 보는 게 고작이었다. 유일하게 한 가지 있는 재주는 공상하는 일뿐이었다. 머릿속에서 이런저런 상상을 많이 했다. 더 멋진 집에서, 갖고 싶은 것 다 가진 채로 신나게 살아보는 것.

어릴 때부터 난 입시에 참 많이 떨어졌다. 학교 석차는 그다지 나쁘지 않았
는데도 중학교, 고등학교 입시에선 매번 떨어져 후기 시험을 쳐서 들어가야
했다. 그러다 보니 다니는 학교를 늘 창피해했다. 등하교 땐 사람들이 안 보는
뒷골목으로 다녔고 집으로 돌아오면 집 밖으로 나다니는 일이 없이 집에만
박혀 있곤 했다. 세상 보기가 괜히 창피했다.

대학은 전기에 붙긴 했지만, 형편상 아버지의 반대로 원하는 학교에 가지
못했다. 고집을 부렸다면 어떻게 되었을지도 모르겠지만 그럴 배짱도 없었다.
원체 돈하고 담을 쌓고 자라 다른 세계를 본 적 없었기 때문인지도 모르겠다.
그러다 보니 지금껏 학교 동창회라는 걸 가본 적이 없다.

가끔 고향 집에 가보면 지금도 동창회에서 안내문이 와 있는 걸 발견한다.
내가 후기로 시험을 쳐서 다녔던 고등학교는 옛날과 달리 지금은 명문이 되
어 있다. 입시 제도의 변화가 만들어놓은 결과이다. 고등학교의 동문들을 보
면 얼마나 쟁쟁한지 모른다. 그러나 그것 역시 나와는 상관이 없는 듯했다.

지금 생각해도 스스로가 참 딱했다. 자존감이 바닥이었다. 누가 그렇게 볼
것도 아닌데 왜 그리 세상 앞에 스스로 부끄러워했는지 모른다.

그런 자존감이 조금씩 회복된 건 교회에 출석하면서부터였다. 나의 도움
으로 자신이 원하는 학교에 들어갔다고 믿는 친구가 하나 있었다. 고3 시절

그는 매일 우리 집에 와서 함께 공부를 같이 하곤 했는데, 그는 그게 도움이 되었다고 생각했다. 나는 입시에 떨어져 실패자가 되어 우울하게 학교를 다니고 있었지만 그는 신이 나서 반짝거리며 학교 생활을 하고 있었다.

한창 비가 많이 오던 6월의 어느 일요일, 아침 일찍 그가 우리 집으로 쳐들어왔다. 그러곤 막무가내로 나한테 교회를 가자고 우겨댔다. 교회에 미국 선교사가 있는데 너 영어 좀 하니까 가서 같이 배우자는 것이다. 웃기는 녀석이었다.

당시 우리 집은 독실한 불교 집안이었다. 그런데도 엄마는 내가 늘 집안에서 우울하게 지내는 게 못마땅했는지 친구 따라 교회든 어디든 가보라고 내 등을 떠밀었다. 마지못해 그렇게 친구를 따라 나섰다. 그날이 내가 머물고 있던 집과 학교 밖의 세상을 비로소 처음 만난 날이었다. 또 어린 시절의 강한 좌절감을 넘어서기 위한 첫날이었다.

얼마나 당황스러웠는지 모른다. 나를 아는 옛날 친구들과 그렇게 많은(?) 여학생들을 교회에서 만나는 것이 너무 당황스러웠다. 좌절감을 넘어서는 일은 확실히 쉽지 않았다. 그러나 그날 이후로 조금씩 내게 많은 변화가 생겼다. 감수성이 예민한 나에게 신앙이란 참으로 불가사의했다.

교회는 내 자아의 껍데기를 벗겨내는 일을 해주었다. 자존감이 약했던 내게 목사님과 전도사님들이 격려와 가르침을 주었다. 약하디 약한 마음을 가진 나를 밀어 억지로 학생들을 가르치게 하고, 단상에 세우기도 하고, 이런저런 스피치나 모임을 인도하게 했다.

마음에는 안 들었지만 어쨌든 대학에 들어가고, 군에 다녀오고, 졸업과 함께 이른 결혼도 했다. 그리고 첫 직장에 취직도 했다. 당시도 취업의 문은 매우 좁았다. 우리 회사는 그 지역에서 꽤 괜찮은 클래스로 인정받던 회사였다. 이것은 나의 자존감 회복에 큰 도움이 되었다.

첫 직장은 교회 생활처럼 내게 많은 진전을 주었다. 입사하면서 만난 우리 부서장들은 진짜 멋진 분들이었다. 입사 면접을 보던 분의 말이 기억난다. 내가 다니던 학교 출신으로는 내가 처음이라며, 나더러 잘해달라는 부탁이었다. 그때 내겐 정말 웃기는 얘기로 들렸다.

그분은 나중에 나 때문에 우리 학교 출신을 마음 놓고 뽑게 되었다는 이야기를 해주었다. 사실 살면서 깨달은 바로는 출신 학교는 아무것도 아니었다. 이민 사회에서 그것이 여실히 드러난다. 진짜 중요한 건 인성과 자세였다.

당시에 나는 '태평양화학' 신설 공장의 준비를 위해 조금 일찍 입사해 준비를 하는 팀에 속해 있었다. 이 준비 기간 동안 조금 있던 여유의 시간에 몇 개의 프로젝트를 맡아 수행했는데 모두 성공적으로 마치면서 좋은 평가를 받았다. 특히 기안에 점수를 많이 받았던 기억이 난다. 그 일로 남들보다 해외 연수 기회도 많았고 대학원에서 공부할 수 있는 배려도 받았다.

대학원을 마치고 옮긴 직장은 진짜 많은 경험을 쌓기에 충분했다. 비록 원하던 대학은 아니었지만 출신 학교 상관없이 좋은 회사들이 나를 원했다는 사실은 상당한 마음의 치료가 되었다.

원하지 않던 대학을 나와 직장 생활이 어떻게 될지 몰라 걱정했지만, 의외로 좋은 스타트를 하게 되었고 그로 인해 자신감도 조금씩 회복되는 느낌이었다.

• 좌절은 더 나은 다음 문의 입구다 •

처음 미국 보험회사에서 매니저로 근무하다 해고를 당한 적이 있었다. 승진하고 3년쯤 근무했을 즈음, 매니저 초기 시절에 채용한 에이전트 하나가 이민법을 어긴 것으로 밝혀졌다. 나도 이와 관련이 있어 함께 책임을 지게 된 것이다.

당시의 나는 채용의 모든 과정을 세세히 위에 보고하고 단계별로 지시받아 진행을 했었다. 근거가 되는 모든 이메일과 서류 복사본도 모두 갖고 있었다. 그렇지만 내가 서명한 서류 하나가 문제가 되었다. 나한테 권한이 없는 서류에 서명한 것이라고 판명되었다.

사실 그것들 미리 모두 보고하고 지시받은 대로 했기 때문에 내 책임은 아니었다. 어쨌든 결과적으로 국토안보부에선 나한테 책임을 묻지 않았지만, 회사에서는 나를 해고해버렸다.

이날의 황당함은 이루 말할 수 없었다. 겨우 제대로 된 일자리를 찾아 한참 재미있게 일하는가 싶었는데 갑자기 모든 게 허사가 되어버린 것이다. 앞으로 어디서부터 다시 시작해야 할지 몰라 다리에 기운이 빠지고, 집 식구들에게 이런 사실을 어떻게 알려야 할지 생각하면 암담했다. 하지만 우리 식구들은 나를 위로하고 감싸주었다.

난 해고를 당하는 게 너무 싫어 회사를 찾아가 자진 사직으로 해달라고 부탁했지만 받아들여지지 않았다. 당장 생활비는 회사에서 퇴직 수당처럼 몇 달치의 생활비가 될 만한 돈을 주어 잠시는 버틸만 했다. 이것은 전적으로 내 잘못이 아님을 의미했다. 회사의 자구책이었던 것이었다.

다시 원점으로 돌아온 나는 노트와의 이야기를 다시 시작했다. 지금 내가 할 수 있는 게 무엇일까? 제일 시급한 것은 정서적 안정이었다. 가장 큰 어려움은 수치심이었다. 하늘에서 준 기회를 지키지 못했다는 자괴감과 법을 어겨 쫓겨났다는 사실이 너무 부끄러웠다. 누구보다도 아이들한테 그랬다.

나는 집안을 뒤져 묵혀둔 책을 찾아냈다. 나폴레온 힐의 『Think & Grow Rich』였다. 아마도 호주에서 읽었던 책 같았다. 그때와는 전혀 다른 상황이었지만, 무언가 나 자신을 동기 부여하는 것이 필요하다고 생각했던 것 같다.

아무리 읽어도 내용은 하나도 머리에 들어오지 않았다. 계속 무기력과 수치심을 느꼈다. 그냥 페이지를 넘기며 생각을 노트에 끄적거렸다. 읽은 내용을 특별히 행동으로 옮기지도 않았다. 아침의 QT와 함께 적어나갔을 뿐이다.

3주 쯤 지났을 때, 교회에서 어느 집사님을 만났다. 같은 보험업계에 있었으므로 이미 소문을 들은 거 같았다. 그는 말끝에 회사를 하나 언급하면서 그 회사에서 매니저가 필요하다고 했다.

그분 소개로 그 다음 주 바로 그 회사와 런치 약속이 잡혔다. 나는 첫 미팅에서 나의 형편을 모두 털어놓았다. 안 되더라도 미리 다 이야기하는 게 맞는 거 같았다. 그 매니저는 나한테 그 내용을 정리해주면 인사부와 상의해보겠다고 했다.

몇 주 후 그 회사의 변호사들이 검토한 내용을 알려왔다. 그들은 나에게 잘못이 없다고 판단되므로 채용이 가능하다는 이야기였다. 이 사실이 내게 얼마나 위로가 되었는지 모른다.

그리고 곧바로 입사 수속을 밟고 일을 하게 되었다. 그 회사는 이전 회사와 비교도 안 될 만큼 큰 유명 회사였고 대우도 훨씬 좋은 조건으로 들어가게 되었다.

지금도 종종 아내에게 말하곤 한다.

"아마도 하나님은 내가 그곳을 벗어나 더 큰 데로 가기를 원하셨는데, 내가 고집을 부리니까 발로 뻥 차내신 거 같아."

이때 크게 배운 것 중 하나가, 사는 동안에 어떤 문이 닫히는 건 그 자체가 뜻이 아니라 다음 코스가 준비되었다는 뜻이라는 것이다. 기꺼이 믿어도 될 만큼 더 좋은 코스로……

당신의 인생을 바꾸는 영업비밀 노트 한 줄

사는 동안에 어떤 문이 닫히는 건 그 자체가 뜻이 아니라 다음 코스가 준비되었다는 뜻이다.

04

실패하는 이유는 단 하나,
포기하기 때문이다

• 이민자에게 유리한 업종들 •

한국에서 15년간 회사에서 엔지니어로 지낸 건 나의 적성과 맞아 나쁘지 않았다. 물론 사람이 사는 곳이라 생기는 일반적인 관계 문제가 없진 않았지만, 업무로 보면 속은 편할 수 있다. 매일 일정한 시간에 출근해서 정해진 직무를 수행하고 매달 월급을 받으면 된다. 연구 개발 부서가 아닌 한, 일상 업무가 정해져 있어 특별히 창의적일 필요도 없다. 오히려 정해진 작업 절차에 벗어난 작업을 하게 되면, 안전을 목숨처럼 생각하는 플랜트의 경우 큰 근심

거리가 될 수 있었다. 돌발적인 문제가 발생할 때를 위한 사전 예방 조치만 잘하면 근무에 별 탈이 없었다.

이런 곳은 업무상 '포기'란 단어는 전혀 어울리는 말이 아니다. 그러나 미국에서 새롭게 보험 영업에 뛰어들고서부터는 전혀 다른 생존 전략을 생각해야 했다. 이 글을 쓰고 있는 지금도 팀의 톱 에이전트로부터 전화로 업무 현황을 연락받고 있다. 듣다 보니 그가 얼마나 철저하게 손님과의 미팅을 사전에 준비했는지 알 것 같다. 성공적으로 수행하여 계약을 따냈다는 사실이 장하다. 마음껏 축하를 보낸다.

미국의 에이전트들은 대부분 정액 급료가 책정되어 있지 않다. 전부 자기가 하는 영업의 결과로 인한 성과급을 받는다. 물론 수당들이 따르지만, 그것은 항상 성과에 따른 것이므로 영업 성과 자체가 없으면 그것도 없기 마련이다.

내가 처음 미국 이민자로 도착했을 당시의 주변의 한인들을 보면 대부분 시급으로 일하고 있었다. 개중에는 돈을 한국에서 올 때 가져와 비즈니스를 사서 크게 시작하는 사람도 있었다. 그리고 일찍 이민 온 사람 중에는 열심히 일을 해 모은 돈으로 비즈니스를 사서 크게 성공한 분들도 꽤 있었다.

그 외에 의사, 변호사, 공인 회계사 그룹이 있었고 부동산, 보험 같은 영업으로 자리를 잡은 사람들도 있었다. 부동산이나 보험이 이민자들에게 유리한 이유는 따로 전문직 자격을 취득하기 위해 돈 들여 학교를 다닐 필요가 없다는 점이다. 따라서 시간도 낭비할 이유가 없다. 단지 필요한 라이선스만 공부해서 취득하면 얼마든지 일을 할 수 있다. 그리고 일하는 동안 소속된 회사에서 많은 훈련이 제공되기 때문에 시스템의 과정만 따라 가면 된다. 그리고 이 두 업종 모두 영업으로 큰 성공을 거둔 분들의 사례가 얼마든지 있어 비교적 벤치마킹하기가 용이하다는 장점도 있다.

난 이 두 부류 가운데 보험 쪽을 물론 더 선호하는데 거기엔 이유가 있다. 일단 부동산은 가격이 높은 만큼 개인의 가장 중요한 자산이다. 따라서 에이전트의 전문 지식과 경험이 크게 작용한다. 2000년대 한창 부동산이 달아올랐을 때 상당히 많은 한인이 부동산업으로 몰렸다. 모두 '집 한 채만 팔면…' 하고 한탕을 얘기했다. 그때에 비해 지금은 에이전트의 숫자가 그리 많지 않다. 진짜 치열한 생존에서 살아남은 사람들이다.

또 하나는 부동산의 경우 프로세싱이 상당히 길다는 점이다. 막상 계약을 해도 모기지 준비나 평가, 검사 그리고 집을 사고파는 사람들의 이동을 준비해야 하는 등 챙겨야 할 게 적지 않다. 따라서 거래를 하고도 막상 수수료를 받기까지는 상당한 시간을 기다려야만 한다. 또 한인들 특성상 계약전에 돌아보는 집의 수도 상당히 많아 이것도 손님과 함께 수행해야 할 에이전트로서는 시간과 경비로 부담이 따르게 마련이다.

이에 비해 보험 일은 프로세스가 간단하다. 일단 금액 단위가 크지 않아 고객의 의사 결정이 비교적 쉽다. 간단한 설명과 계약받는 절차가 상당히 간단하기 때문이다. 그리고 수수료의 지급도 거의 매주 지불되므로 돈의 흐름이 편리하다. 또 우리같은 이민자로서는 큰 자본 없이도 집중만 하면 꽤 큰 수입을 창출할 수 있다는 장점도 있다.

• 도대체 왜 포기할까? •

미국에 처음 와서 받은 도전이 6 Figure Income이었다. 이는 연 수입 십만 불, 한화로 약 1억 2천만 원 정도의 수입을 말한다. 억대 연봉이라는 말이다. 이때는 '도대체 어떤 사람들이 이런 큰돈을 벌까?' 하는 생각이었다. 그 숫자는 하늘만큼 높았다.

그런데 보험업계에 들어서면서 그 가능성을 보았다. 잘 따져보면 이 숫자 만들기는 그리 어렵지 않다. 회사에 따라 지급하는 수수료와 훈련 수당, 경비 수당 등을 고려하면 아주 할 만한 숫자이다. 거기에 의료 보험, 연금 등 많은 혜택을 제공한다.

내가 전에 직장을 정하는 가이드라인 항목 중에 의료 혜택을 넣은 적이 있다. 그 이유는 아내가 갑상선 치료를 받은 이력이 있어 이를 수시로 검사해야 하기 때문이었다. 미국에 도착해 받은 첫 검진비로 약 40만 원을 지불했다. 이는 약 처방을 받기 위해 받은 검사비였는데 의료보험이 없어서 이런 큰 비용을 낸 것이다. 따라서 회사에서 지원하는 의료 보험 혜택은 미국에서 사는 데 아주 중요한 항목이다.

이렇게 괜찮은데 왜 사람들의 이직율이 높을까? 그건 다름 아닌 '포기' 때문이다. 이 일을 하기 위해선 라이선스가 필요하다. 내 경험으로는 이 시험을 단번에 합격하는 사람일수록 포기가 빨랐다. 이런 사람들은 머리가 좋은 편이지만 끈기가 없었다. 그래서 난 신입 입사 시에 농담 반 진담 반 '시험을 한 번에 붙은 사람을 주의 깊게 보겠다.'라고 말한다.

사람들이 다만 얼마라도 고정급을 바라는 경향도 큰 작용을 한다. 그들은 그게 안정된 수입이라고 생각한다. 그렇지만 미국에서 수수료라고 하는 커미션 시스템은 굉장한 페이 시스템이란 것을 알아야 한다.

생산성이 높은 미국에서 5만 불 정도의 연봉을 받으려면 그들의 생산성은 적어도 20만 불 정도의 수익을 업주에게 가져다 주는 정도가 되어야 하지 않을까 생각한다. 물론 이건 순전히 내 생각이다. 즉, 업주는 직원이 벌어다 주는 20만 불에서 봉급으로 5만 불을 지불하고 자기는 나머지 15만 불을 챙기는 것이다.

거기에 작은 업체는 비싼 의료보험등의 혜택이 없는 곳이 절대 다수이다. 그러나 커미션 시스템은 자기가 벌은 그 20만 불을 자기가 모두 갖는 시스템을 말한다.

그러면 영업은 정말 포기할 만큼 힘든 일인가? 나는 절대 아니라고 생각한다. 포기하는 사람들은 늘 무엇을 해도 포기하는 사람들이다. 영업이라서 포기하는 게 아니다. 이들은 늘 달아날 이유를 찾는다. 그리고 늘 누군가 자기

대신 불평할 대상을 찾는다. 회사를 원망하고, 매니저를 원망하고, 제품이 못마땅하고, 동료가 꼴보기 싫고, 교육이 부실하고, 손님도 없고…. 얼마든지 많다.

지난 18년간 포기하고 나가는 사람을 수없이 보았는데, 이들은 대부분 가장 기본적인 사항들을 하지 않는다. 먼저 사람 만나는 노력을 하지 않는다. 그렇게 큰돈을 버는 일인데, 주당 10~20시간만 일하려 한다. 일의 우선순위는 맨 뒤로 가 있다. 그러다 당장 먹고살 돈이 필요하니까 일을 구하는데, 시급을 받으며 대부분의 시간을 보내고 와서 피곤해진 몸과 마음으로 큰 수입을 바란다. 그러고는 매니저나 회사가 제대로 도와주지 않았다고 말한다.

단언컨대 제대로 주 40시간만 제대로 채워 일하고 하루에 5명만이라도 꾸준히 만나는 노력만 해도 연봉 10만 불은 무난히 달성할 수 있다고 생각한다. 평생 영업 한 번 해보지 못한 채, 48세의 나이에 영어도 부실한 필자가 보험영업에 입문하고 나서 18년째 무탈하게 일을 하고 있다는 게 좋은 증거가 되지 않을까 생각한다. 그 정도의 열성만 있다면 얼마든지 기회가 있다. 경험이 있는 매니저도 얼마든지 필요하다. 독자분 중에 혹시 관심 있는 분이 있다면 1-571-214-3315로 연락 주기 바란다.

난 아직 은퇴할 계획이 없다. 어디 가도 이만한 일자리는 못 찾을 것 같기 때문이다.

당신의 인생을 바꾸는 영업비밀 노트 한 줄

포기하는 사람들은 늘 무엇을 해도 포기하는 사람들이다. 영업이라서 포기하는 것이 아니다.

내 인생 학교는
바로 영업 현장이었다

• 영업에서 배우는 생존 기술 •

미국에 오기 전에 나는 현장 엔지니어로 내 젊은 날을 보냈다. 평범한 직장인의 삶을 보낸 셈이다. 당시 가끔 사내에 중요한 사항이 발생하면 여러 부서가 함께 모여 미팅을 했는데 그런 경우엔 영업부서도 참여했다.

우리 같은 현장 근무자들은 특별히 긴박한 상황이 많지 않았다. 이미 모든 공정이 안정되어 있고 우린 프로세스만 정확하게 돌아가는지 확인해 정해진 물량이 생산되게 하면 되었다.

그러나 영업부서가 참여하는 날은 주제가 좀 심각하기도 했다. 이런 미팅이 열리면 항상 영업부의 목소리가 높았기 때문이다. 예를 들면 불량품 납품으로 인해 큰 클레임이 들어와 조치를 요구하거나, 신제품을 개발하는 데 필요한 시제품을 평가하고 개선을 요구하거나, 공급 물량을 제시간에 대기 위해 생산 현장을 독촉하는 등의 협의를 요구했다.

생산부서는 영업부서의 생리를 잘 알지 못했다. 그래서 말끔한 모습으로 목소리를 높이는 그 친구들의 모습이 눈에 편치 않을 때가 많았다. 늘 자기네 영업부가 회사를 다 먹여 살리는 것처럼 이야기하는 것이 거슬렸던 기억이 있다.

막상 영업에 들어와보니 입장이 많이 달랐다. 전엔 내 업무에 대한 평가는 정상 가동 여부, 공정의 개선 등의 정해진 하루 업무의 활동에 대한 것이었다. 이에 비해 영업은 늘 실적이 가장 중요했다. 목표량에 맞추어 판매해내는 일이 최우선 순위였다. 업무 자세나 업무 개선에 아무리 시간을 많이 쓰고 노력을 많이 해도 결과가 없으면 무용지물이었다.

이건 상당히 당황스러운 일이었다. 일과 미팅에서 아무리 내가 열심히 한 일을 열거해도 결과가 없으면 아무것도 아니었다. 매니저가 되어 미팅을 주재하면서 팀 보고를 받으면 우선 숫자를 확인하는 게 자연스러운 절차였다.

아침만 되면 집이든 사무실이든 제일 먼저 하는 것이 컴퓨터를 켜고 전날 실적을 확인하는 일이다. 여러 팀이 하루 동안 어떤 실적을 내고 있는지가 제일 관심사였다. 그리고 내 팀이 전체에서 어디에 위치해 있는지 확인했다. 나를 가장 동기 부여시키는 건 우리 팀의 위치였다.

사실 나같은 사람은 따로 관리를 할 필요가 없을 거라고 늘 생각했다. 왜냐하면 나 자신이 먼저 큰 목표를 세우고, 그걸 이루기 위해 스스로 온갖 방법을 찾는 사람이기 때문이다. 난 조용할 때가 많지만 가만히 보면 은근히 승부욕이 강한 것 같다.

몇 년 전 지금 근무하는 회사로 왔을 때 리포팅 시스템이 아주 취약했다. 전에 근무하던 회사들은 그게 너무 잘되어 있어 모든 게 적나라하게 드러나 입사 초기 실적이 없을 때는 속상했던 기억이 많았다. 그런데 이 회사는 아무리 해도 내가 잘하고 있는지 못하고 있는지 다른 사람과 비교할 데이터가 없었다. 큰 회사치고는 좀 그랬던 거 같았다. 결국 내가 본사에 문의하고 건의해서 아쉬운 대로 간단하나마 리포팅 시스템이 만들어졌다.

이런 목표 의식으로 인해 영업에 경험이 많지 않으면서도 우리 팀을 상위 그룹에 올려놓는 결과를 낳곤 했다. 그때의 만족감은 상당히 컸다. 아마도 영업인들은 그런 성취감으로 일하는 게 아닐까 싶다.

그동안 많은 에이전트를 채용하기도 하고 내보내기도 하면서 사람들을 관찰할 기회가 있었다. 피트(가명)는 아주 좋은 사람이었다. 인상이나 일하는 매너도 좋았다. 단지 업무 초기에 그는 좀 헤매고 있었다. 아무래도 시간제 일을 오래 하다 온 그는 역시 영업의 생리를 이해하지 못하고 있었다.

당시 난 초보 직원들의 성장을 돕기 위해 경력 사원과 팀을 이루어 일하는 시스템을 운용하고 있었다. 이런 경우 성과를 일정 비율로 서로 나눠 갖는다. 초보 직원의 경우 좋은 자기 손님이 있어도 그걸 결과로 만들어내기가 쉽지 않기 때문에 경력 사원이 함께 영업을 하고 그 결과를 일정 비율로 소개한 직원과 나누는 시스템이다.

이렇게 몇 번만 같이 다니면 그는 빠른 시간 내에 효과적인 영업을 배울 수가 있는 것이다. 비록 나눠 갖지만 본인이 하는 것보다 경력 사원이 개입하면 좋은 고객의 경우엔 월등히 큰 결과가 나올 수 있어 상당히 큰 파이를 나누어 가질 수 있다.

마침 피트에게 좋은 손님이 하나 있었다. 그 손님은 재정 상태가 아주 좋은 데다가 재정 플래닝이 꼭 필요할 거 같다고 보고해왔다. 내가 어떤 걸로 상담할 예정이냐고 물었더니 경험이 없는 그는 역시 가장 기초적인 플랜을 내게 보여줬다. 난 그에게 좀 더 전문적이고 손님에게 맞을 만한 플랜을 알려주었다.

피트는 그 손님과 관계가 가깝고, 내가 가르쳐준 플랜이 충분히 가능한 재정 상태지만 혼자 하기는 어려울 거 같다고 얘기했다. 그래서 나는 팀에서 가장 경험 있는 에이전트랑 해보기를 권했다. 만약 성공하면 꽤 큰 실적이 나올 만큼 좋은 케이스였고 기회는 좋았다.

그런데 문제는 피트는 비즈니스를 나눠 갖는 걸 좋아하지 않았다. 아무리 권하고 그걸로 배워보라고 해도 그는 사람 좋은 웃음만 보일 뿐 요지부동이었다. 결국 그는 가장 싼 플랜 하나를 팔고 거래를 끝내고 말았다.

만약 사람이 막다른 골목에서 미친 개와 맞닥뜨려 싸워야 한다면 팔 하나는 먼저 내줘야 이길 수가 생긴다. 그 하나를 겁내어 내주지 못하면 결국 더 험한 꼴을 당할 수밖에 없다.

피트는 프로의 근성을 배우지 못하고 결국 자기 일하던 데로 돌아가고 말았다. 지금도 만나면 여전히 힘들게 살지만 자기는 그게 속이 편하다고 이야기하곤 한다. 힘든 삶과 속 편한 삶, 글쎄, 아무런 상관이 없으면 좋겠다.

앞서 말한 대로 나는 결과를 많이 생각하면서 일을 했다. 아직도 이 부분에서 큰 목표를 그리고 있다. 한국의 친구들 대부분 은퇴를 했지만 난 아직 이뤄보고 싶은 게 많다.

사람들이 나한테 듣기 좋은 말로 동안이라 나이가 들어 보이지 않는다고 한다. 난 40대 중반이라고 스스로에게 최면을 걸어놓았다. 그래서 누가 내 나이를 얘기하면 난 전혀 느낌이 없다. 도대체 누구 이야기지? ㅎㅎ

이렇게 목표를 생각하다 보니까 매번 팀원들을 만나면 자연스레 실적에 관한 이야기가 튀어나오곤 한다.

하루는 어느 에이전트 하나가 농담 반 진담 반 내게 이야기했다.

"매니저님, 저도 매니저님처럼 목표 관리를 하고 있어요. 제 목표는 반드시 이룰 거예요. 응원해주세요."

아마도 그는 내가 실적으로 닦달하는 것으로 생각한 것 같았다. 이때부터 난 에이전트들한테 실적 이야기를 하는 걸 멈췄다. 그게 맞았다. 그들은 내가 독촉하기 전에 스스로 자기 길을 파악하고 있었다. 내가 보스에게 실적에 관한 독촉을 받는 게 싫은 것처럼 그들도 그럴 것이라 믿기로 했다.

사실 어느 조직이든 20 : 80의 법칙이 존재한다. 상위 20%가 조직의 모든 실적을 끌고 가는 것이다. 아무리 뛰어난 조직이라도 모두 똑같다. 여전히 80%는 있는 법이다. 설사 상위 20%만 남아도 남은 사람 중에서 다시 80%는 나타난다.

그래서 이제는 팀을 만나면 주제를 바꾸곤 한다. 딱히 떠오르지 않으면 그냥 같이 식사를 한다. 그들을 믿지 못하는 건 바로 나 스스로를 믿지 못하는 것이기 때문이다. 상대는 바로 나의 그림자라는 얘기를 읽은 적이 있다.

• 모든 돌은 다 한 번씩 엎어보고 지나간다 •

내가 하는 일 중 중요한 일은 인재를 발굴하는 리쿠르팅이다. 왜냐하면 내일의 성공 여부는 얼마나 뛰어난 팀과 같이 일하느냐에 달려 있기 때문이다.

매니저 일을 처음 시작했을 땐 모든 사람이 다 할 만한 사람으로 보였다. 그래서 하루 종일 사람을 만나면 그들의 머리에 이런 영업이 얼마나 보람있는 일인지 설명하려 했다. 사실 초기엔 그러면서 꽤 많은 사람을 채용할 수 있었다. 만약 이 일에 라이선스만 필요하지 않았다면 정말 많은 인원을 동원했을 터였다.

그런데 문제는 그렇게 사람을 뽑아놓아도, 막상 그들이 일하게 만드는 건 쉽지 않았다. 그들을 종일 상대하고 나면 저녁엔 파김치가 되곤 했다. 차라리 현장 영업이 쉬울 거 같았다.

그러나 진짜 고수들은 매니저가 필요 없었다. 그냥 만나서 수고해줘서 고맙다는 말 한마디 건네거나 식사 한 번 나누면서 그들의 수고를 알아주면 된다. 그리고 그들은 나를 궁금하게 하지 않는다. 사전에 동선부터 계획까지 일정하게 나름의 보고를 해준다. 이들은 내가 군이 확인이라는 걸 안 해도 되는, 그야말로 선수들이다.

그러면서도 그들은 왜 내가 필요한지를 안다. 가끔 막힌 파이프들을 건드려 물이 잘 내려가게 해주는 나의 역할이 성공적인 비즈니스에 필요하기 때문이다. 그래서 이 그룹은 늘 나와 서로 긍정 에너지를 나눠 갖는다.

문제는 초보 그룹이다. 아직 걸러지지 않은 인재들이라 손이 많이 간다. 매일 만나는 걸림돌도 문제지만, 아직 스스로 시간 관리하는 것도 어려워한다.

출퇴근 시간이 일정하지 않으니, 하루 중 우선순위는 정말 중요한 것에 있지 않고 당장 눈앞에 보이는 일만 신경쓴다.

그래서 지금은 아무나 채용하기보다는 목표로 하는 타깃 기능이 있는 사람들을 선별하는 데 중점을 두고 있다. 제일 중요한 소스는 아무래도 지인들의 소개이다. 그렇지만 나 나름대로 지역의 리스트를 만들어 기회가 나는 대로 접촉을 한다.

처음에는 거절당할 때의 무안함을 이기기 어려워 스스로 포기한 때가 많았다. 그러나 생각을 바꿨다. 얼마 전에 톱 프로듀서 한 사람과 인연을 맺게 되면서 한 번 무안하다고 다음까지 연결되지 말라는 법이 없다는 것을 뼈저리게 배웠다. 그 건은 인내심의 결실이었다. 적어도 내가 마음먹은 사람은 싫든 좋든 반드시 그의 의사를 타진하곤 한다.

당신의 인생을 바꾸는 영업비밀 노트 한 줄

모든 돌은 다 한 번씩 엎어보고 지나가라.

06

신을 내 편으로
만드는 방법

• 티핑 포인트 •

매일 아침 눈을 뜰 때면 난 오늘 하루를 어떻게 전개할 건지를 생각하며 한 단어를 기억한다. 그 단어는 바로 '티핑 포인트'이다. 말콤 글래드웰(Malcolm Gladwell)이 만든 마케팅 용어, 티핑 포인트(Tipping point)는 사람 생각의 변화나 어떤 깨달음에 대해서도 적용해볼 수가 있다. 사람 마음의 지렛대는 좌우의 균형을 잘 맞추고 있는 평형 상태에서 외부의 1% 정도의 어떤 작은 변화만으로도 전체의 기울임을 조종할 수 있는 것이다. 긍정적인 마음과 부정적인 마음 사이에서 어느 쪽으로 기울게 할지는 전적으로 나의 선택이다. 그 선택에 따라 나의 하루 혹은 앞으로의 삶에 큰 변화가 일어나는 것이다.

사람은 혼자가 되거나 조용해지면 으레 웃음을 거두고 심각한 표정으로 바뀌게 된다. 따라서 감정이나 생각도 신중해진다. 이런 때는 종종 염려도 마음에 들어오고 걱정거리도 자연스럽게 따라 들어오게 된다.

이것은 사람에게 지극히 자연스런 현상이다. 왜냐하면 이것은 혹시 모를 일들에 대비해 나의 잠재의식이 스스로 경계 신호를 보내는 것이기 때문이다. 알 수 없는 돌발 상황에 대비하라는 신호이다. 아주 오래 전부터 인간에 내재되어 있는 안전 장치인 것이다.

이런 때에 염려나 걱정에서 헤어 나오지 못하면 나의 하루는 그런 걱정으로 종일 휩싸이게 된다. 걱정하는 마음이 끝없이 또 다른 걱정거리를 불러오는 것이다. 이미 많은 사람이 그런 경험을 했을 것이다. 그리고 그 결과는 그대로 내 잠재의식에 부정적으로 기록된다. 그래서 어쩌다 기분을 좀 전환시켜 열심을 내볼까 하다가 좋지 않은 결과가 생기면 으레 스스로 중얼거린다.

'그러면 그렇지.'

이 말은 참으로 안 좋은 말이다. 반드시 사용하기를 멈춰야 하는 말이다. 그러나 그 반대로 긍정적으로 티핑 포인트를 이용해보기로 한다. 아침에 일어나 화장실에 가 거울에 비치는 자신의 얼굴을 보면 부스스하다. 그러거나 말거나 씨익 웃어주는 것이다.

"굿모닝, 대니, 잘 잤어? 오늘도 멋진데? 역시 잘생겼어. 오늘도 대박이야!"

● 감사로 인한 기적들 ●

언젠가 내게 힘든 일이 생겨 자존감이 바닥까지 떨어졌을 때, 난 책에서 배운 이 방법을 그날부터 써왔다. 그때 난 마음을 추스르기 위한 방법이면 뭐든 해야 했다. 눈 뜨면 비참한 하루를 보내야 했지만 나는 이렇게 하루를 시작했다.

그리고 침대로 돌아와 머리맡에 둔 노트를 펴고 오늘 하루의 감사한 일을 적어나갔다. 아무런 감사의 느낌이 없어도 그냥 적었다. 부드럽고 편한 잠자리, 오늘도 내 코에 호흡이 있는 것, 아직 내게 일자리가 있는 것, 아내가 내 옆에 있는 것, 깨끗한 물, 깨끗하고 정갈하게 세탁된 옷, 잘 자라준 아이들, 기분 좋은 차, 기분 좋은 음악들….

100일 동안 하루에 100가지의 감사를 적었다. 나중에 몰아서 적기엔 정말 많은 숫자였다. 그래서 아침에 최대한 짜내어 적어 내려갔다. 나와 100일간 하기로 한 이 약속을 깨기 싫었던 것이다. 가끔 이 약속을 천명하고 싶어서 페이스북에 그 느낌을 올리기도 했다. 누가 봐주기를 바란 게 아니라 내가 스스로 깨고 달아날까 봐 그랬다. 그 글을 보고 같이 따라 100가지 감사를 시작하는 친구들도 있었다.

이렇게 정신없이 내 생각을 긍정의 지렛대 쪽으로 옮기는 노력을 했다. 긍정의 생각은 그렇게 많이 필요한 것도 아니었다. 딱 1%만 더 많아도 하루의 감정이 온통 긍정적인 쪽으로 쏠려버릴 거라고 하니까 한 것이다.

그런데 감사와 긍정을 따라가겠다고 결정한 날은 그에 맞는 놀라운 일이 생기곤 했다. 이른 아침부터 친구에게서 귀한 설교 동영상이 날아들기도 하고, 오래 잊고 있던 사람에게 나랑 일하고 싶다는 연락을 받기도 했다.

그야말로 기적도 있었다. 몇 년 동안 같이 일해보고 싶다고 생각한 사람을 무작정 만나러 간 날, 첫 미팅 자리에서 바로 마음을 결정해준 적도 있었다. 나는 그걸 'Daily miracle'이라고 부른다. 그게 아니라면 당시 내게 일어난 현상에 대해 설명할 방법이 없다.

요즘 온통 Covid19 때문에 페북이나 주위가 시끄러워도 난 그쪽에 아무런 신경을 쓰지 않는다. 단지 필요한 위생 규칙만 주의하고 있다. 내 안에 불필요한 불평, 걱정이나 염려를 담지 않음으로서 내 생활을 부정적인 쪽으로 기울게 하지 않으려는 선택이다.

이전 같으면 서운하거나 속이 심히 상할 수도 있는 말을 들어도 별로 마음에 문제가 되지 않는 기현상도 생겼다. 그건 그 사람의 문제지, 나와는 상관없는 것이라는 생각이 들기 시작했다. 거기엔 나와 함께할 좋은 사람들이 여전히 더 많을 거라는 확신도 한몫한다.

모든 것이 내 선택의 문제였다. 나의 선택에 따라 다음 일들이 함께 결정된다는 게 지난 나의 경험이다. 그래서 난 모든 문제로부터 등을 돌린다. 어떤 문제가 생긴다 해도 내가 받아들이지 않고 돌아서면 그것은 즉시 힘을 잃게 되는 것이다.

특히 잠자리에 들기 전엔 좋은 기분을 유지하려고 최선을 다한다. 그 시간은 바로 나 자신과의 화해가 이루어지는 시간이기 때문이다.

QT 시간에 말씀을 묵상하면서 기도를 할 때 내게 가장 큰 즐거움은 내 입술에서 불리던 이름, '하나님!'이었다. 나는 힘들 때 그 이름을 아무 때나 얼마든지 찾아 부를 수 있는 것이다. 그게 내가 가진 복 중에서 가장 큰 복이다. 내 입에 올린 그분의 이름은 진짜 하나님의 능력으로 다가왔다. 관념 속에 머물던 하나님이 아닌 살아 있는 그분의 존재 그 자체가 내게 임하는 느낌이다. 그 순간에 임하던 평강은 어떻게 표현할 수 없다.

네빌 고다드는 하나님은 나의 말 중에 함께 하신다고 했다. 내가 하는 말에 나오는 'I AM(나는 …이다.)'이 바로 하나님의 존재라고 설명한다. 그리고 내가 하는 말들의 능력에 대해서 설파한다. 바로 나의 말로 세상에 명령을 할 수 있다는 것이다.

또 그는 『리액트』에서 이렇게 이야기한다. 만약 우리가 어느 순간 '고귀한 느낌'을 갖지 못했다면, '고귀하지 못한 느낌'에서 등을 돌리라는 것이다. '고귀하지 못한 느낌'이 차지했던 자리를 '고귀한 느낌'으로 바꿔놓아야 하며, 이렇게 느낌을 바꾸기 전에는 생각을 바꿀 수 없다고 말한다. 이 느낌은 사람의 관념에서 나온다고 한다.

네빌은 이런 행위가 바로 주기도문에 나와 있는 '일용할 양식'을 나의 심령에 공급하는 것이라고 말하고 있다. 이런 선언은 내게 새로운 눈을 열어주는 것이었다. 바로 하나님이 나와 함께하시며 나의 공급을 책임져주시는 것이다. 네빌은 그의 책 『믿음으로 걸어라』에서 계속 이야기한다.

"그대와 마주한 이를 변화시키려고 투쟁하지 마라.

그들은 그대가 누구인지를 말해주는 메신저일 뿐이다.

(중략)

그대는 그대가 원하는 모습이 될 자격이 있는지에 대해 스스로 자문하는 것을 멈추라.

그대가 그대 자신을 비난할 때만 세상이 그대를 비난할 수 있다."

당신의 인생을 바꾸는 영업비밀 노트 한 줄

모든 것이 내 선택의 문제였다. 나의 선택에 따라 다음 일들이 함께 결정된다는 게 지난 나의 경험이다.

07

다른 사람들과의
차이를 만드는 법

• 탁월함이 만들어내는 차이 •

수잔(가명)은 한국인 에이전트였다. 오래전에 자기 발로 나를 찾아온 아주 총명한 사람이었다. 다른 큰 회사에서 근무하다 그곳의 근무 분위기가 힘들어 나를 찾아왔다고 했다.

그녀는 뭔가 늘 다른 사람들과는 달랐다. 우선 항상 밝았다. 내가 무슨 주문을 하든지 밝은 웃음과 함께 적극적인 대안을 가지고 왔다. 꾸준한 성과를 만들어낸 건 물론이다. 비록 살림을 하는 아이 엄마였음에도 매일 정해진 시간에 출퇴근을 하곤 했다. 그의 출퇴근 자세는 당시 내게 상당히 인상적이었다.

당시에 가끔 내게 들어오는 손님이 있으면 나는 에이전트들에게 돌아가면서 나누어주었다. 팀원들의 실적에 도움이 되기를 원했던 것이다. 그러나 어떤 에이전트는 클로징까지 가지도 못하고 중단했다. 또 어떤 사람은 괜찮은 케이스인데도 겨우 클로징을 했다. 그러나 수잔은 늘 내 기대 이상이었다. 나중엔 비즈니스를 사장하기 싫어 잘하는 사람들 중심으로 줬는데, 거기엔 꼭 수잔이 포함되어 있었다.

수잔은 입사 초기에 자신만의 시장을 확보하기 위해 사무실과 아주 멀고 경쟁이 별로 없는 곳의 한인 그로서리를 찾아내었다. 그리고 마켓 안의 한구석을 빌려 책상을 놓고 주말마다 올라가 종일 자리를 지켰다. 처음엔 번번이 허탕이었다. 그러나 그녀의 밝고 프로페셔널한 자세와 10년 넘게 자리를 지키는 성실함을 보고 점점 많은 고객이 생겼다. 지금은 명실공히 사무실 전체의 톱 프로듀서 중의 하나로 자리를 지키고 있다.

그녀를 보고 많은 에이전트가 흉내를 내려 했지만 한 사람도 해내지를 못했다. 모두 불과 몇 달도 안 돼 여러가지 핑계를 대며 포기하고 말았다. 도대체 뭐가 달랐던 것일까?

샘(가명)은 내가 오래 전에 채용한 에이전트이다. 나를 만났을 땐 변호사 자격증을 소지하고 있었다. 그는 유대인으로, 그의 부친은 워싱턴 근교의 유대인 시나고그의 랍비이다. 좋은 사립대에서 경영학을 공부한 그는 대학교 졸업 후 비영리 단체에서 일하기를 원했는데, 그에게 자리가 돌아오지 않자 다시 뉴욕의 대학으로 가 석사 과정을 공부했다. 성적은 꽤 좋았던 걸로 기억한다.

그러나 대학원을 마치고 잡은 직장에선 불과 6개월을 못 버티고 나왔다. 적성에 안 맞아 별로 재미가 없었다고 했다. 그리고 다시 선택한 것이 조지 워싱턴 법대로 가서 변호사 공부를 하는 일이었다,

이미 그의 등엔 수십만 달러의 학자금으로 인한 빚이 쌓여 있었다. 그가 나를 찾아온 건 그때쯤이었다. 대학에서 경영학을 했고 이젠 변호사가 됐으니까, 보험회사에서 뭔가 보람 있는 일을 할 수 있을 거라 기대한 것 같았다.

그러나 그는 1년을 못 버티고 어디론가 떠나버렸다. 영업은 사람 만나는 게 제일 중요한데 그가 사람을 만나러 가는 것을 보지 못했다. 늘상 책상에서 뭔가 공부만 하고 있었다. 그가 보고하는 활동 내용들은 늘 공허했다.

존(가명)은 내가 만난 보험업계의 최고 챔피언이다. 내가 그와 일을 할 수 있게 된 건 순전히 행운이었다. 만난 지 얼마 안 되었지만 그가 내는 실적은 그야말로 차원이 달랐다. 그렇게 20년이 넘게 꾸준한 결과를 만들어내는 사람이었다.

금년 들어 Covid19 때문에 회사 방침에 따라 모든 사무실을 닫고 각자 집

에서 근무해야 하는 상황이 되고 말았다. 보통의 에이전트들은 한결같이 자신들의 형편을 어렵다고 보고했다. 따라서 실적은 아주 저조했다. 밖에 나가 봐야 고객들을 만날 수가 없어 형편이 어렵다, 손님들이 만나기를 꺼리고 있어 찾아가기가 부담스럽다는 이야기들이었다.

그러나 존의 리포트는 달랐다. 물론 많이들 어렵다는 것은 인정했지만 그는 이런 때 오히려 성업하는 사람들은 여전하다는 보고를 했다. 그의 업무 실적은 현저했다. 실제로 클로징하는 비즈니스의 규모는 평균을 훨씬 능가했다. 회사에서 분위기를 고양하기 위해 시행하는 본사 차원의 컨테스트에도 톱 프로듀서로 이름이 올랐다.

어느 더운 날, 그는 사무실에서 날 만나기로 하고 찾아왔다. 양손에는 플라스틱 장갑을 끼고 마스크도 단단히 한 데다, 그런 날씨에 손님을 만난다고 양복을 다 갖춰 입고 있었다. 만나는 고객들에게 염려가 되지 않도록 단단히 챙기고 다닌다는 것이다. 그런데도 그가 만나는 고객의 수가 줄지 않아 보였다. 오히려 하이웨이에서 교통이 좋아져 시간이 현저히 줄어들어 더 낫다는 긍정 리포트를 해주었다.

그뿐만이 아니다. 그는 내가 그에 대해 궁금하게 만들지 않는다. 굳이 보고를 안 해줘도 난 그가 어떻게 움직일지 걱정하지 않는다. 다만 운전을 많이 한다는 것이 약간 신경이 쓰일 뿐이다. 그러나 그는 수시로 이동 중에 연락을 해 동향을 전해주고는 한다. 대체로 일 잘하는 사람들은 소통이 참 잘 된다. 앞의 수잔도 그런 경우에 속한다.

• 차이를 만들어내는 그룹들 •

지금까지 만난 수많은 에이전트 그룹은 그 실적의 차이가 판이하게 달랐다. 좋은 실적을 내는 그룹은 나름대로 각자의 동기 부여하는 툴을 갖고 있었다. 이런 동기들이 작동해서 이들로 하여금 계속 움직이게 만드는 이유를 만들어내고 있었다.

트레이닝 시간에 자주 동기 부여에 관한 교육을 소개하지만 그건 한계가 있었다. 내 판단으로는 사람을 동기 부여 시키는 건 절대적으로 본인의 몫이었다. 스스로 동기 부여를 하지 못하면 근본적으로 아무도 자신을 움직이게 할 방법이 없다.

개인적으로 군 경력이 있거나 운동선수 출신을 선호한다. 그 이유는 이런 그룹은 대체로 훈련이 잘되어 있어 어떤 훈련이든 잘 따라와 주었다. 태도가 꽤 좋았다. 그리고 전체적인 규칙에도 잘 따르는 편이어서 통솔이 어렵지가 않았다.

무엇보다도 유리한 점은 이들의 승부 근성이었다. 남에게 지지 않으려는 기질이 남들보다 유리한 위치에 오르게 하는 주요 원인이 되었다.

그리고 이들은 인내심이 많아 초기에 손님들로부터 많은 거절을 당해도 꿋꿋이 견뎌내는 강인함이 있다. 다시 말해 포기할 줄 모르는 그룹이다. 약한 사람들은 밖에서 일을 당하고 오면 이런저런 불평으로 팀의 사기를 망쳐

놓기 일쑤지만 이 두 그룹은 그런 경우 오히려 리더로 등장해 전체 분위기를 다시 되돌려놓는다.

그리고 대체로 손님들과의 관계가 좋다. 관계가 좋아서 영업을 잘한다고 볼 수도 있지만, 사실 이들이 손님들과 그런 관계를 갖도록 정성을 많이 기울이는 것을 늘상 봐왔다. 이들은 남보다 더 오래, 더 멀리, 더 많이 수고하는 마인드셋이 되어 있는 그룹이다.

재미있는 사실은 영업을 잘하는 사람일수록 고정급보다는 성과급 시스템에 더 민감하다. 이들은 한정적인 몇 푼의 고정급보다는 자기가 하는 만큼의 노력으로부터 최대 수익을 도모하는 사람들이다. 더구나 미국의 보험 영업은 그 보상 시스템이 상당히 잘되어 있어 본인 하기에 따라 1년에 몇 십만 불의 수입을 만드는 사람들도 많이 있다.

내가 사람을 뽑는 인터뷰에서 사람을 걸러내는 첫 번째 방법은 바로 이 성과급 제도에 대한 반응이다. 질문으로 고정급과 성과급에 대한 이해 정도나, 둘 중에 어느 것을 더 선호하는지 물으면서 그들의 도전의식을 잘 관찰할 수가 있다. 한번은 이 질문으로 인터뷰를 불과 5분 만에 끝내고 돌려보낸 적도 있다.

사람의 자질은 교육으로 변하게 하는 데 한계가 있다는 것을 자주 느낀다. 그래서 가능하면 선별에 초점을 맞추고 있다.

미국인이나 현지인들의 경우 보통 입사 시에 적성 검사를 실시하지만, 한국인들은 그게 별로 잘 먹히지 않는다. 문항에 소극적으로 답을 하기 때문에 점수가 너무 낮게 나와 제대로 적성을 보여준다고 믿기 어렵기 때문이다.

나같은 경우만 해도 입사 시에 적성 점수가 5점 만점에 1점이 나와 나를 인터뷰한 분이 많이 망설였다는 후문도 있었다. 경험도 전혀 없이 너무 늦은 나이에 시작하는 바람에 많은 시행착오를 겪어야 했다. 돌이켜봐도 이 일이 적성이 아닌 것이 분명하다. 그러나 이 나라에서 살기 위해 이민을 온 이상 난 가족을 위해서 살아남아야 했다. 그 하나의 이유가 나를 다르게 만들었다고 생각한다.

지금도 가족을 책임지지 않는 가장들이 많다. 그들은 미국은 자기가 살 나라가 아니라고 아직도 불평을 한다. 그러나 이 나라에서 살겠다고 결정을 내린 사람들은 바로 자신들이다.

내가 본 미국은 정말 생산성이 높고 공평한 나라다. 영어도 제대로 못 하는 나에게 잘 해낼거라는 기대 하나로 매니저의 기회를 준 나라이다. 나도 지금 나와 같이 일할 준비가 된 매니저를 찾고 있다.

어떤 조직에서도 결과를 만드는 영업비밀 노트

당신의 인생을 바꾸는 영업비밀 노트 한 줄

스스로 동기 부여를 하지 못하면 근본적으로 아무
도 자신을 움직이게 할 방법이 없다.

08

왜 사람들은
나에게서 사지 않을까?

· 영업은 나의 확신이 우선이다 ·

제임스(가명)는 한국에서 영업에 꽤 관록이 있는 영업사원이었다. 미국에 이민 오기 전에는 자동차 영업을 10년 가까이 하던 친구였다. 그는 회사 전체에서도 순위에 오르던 톱 세일즈맨의 역량을 보였다.

그런 그가 미국으로 이민을 오게 되었다. 그러다 우연한 기회에 나와 마주 앉게 되었다. 미국에서도 영업을 할 곳을 찾다가 그래도 보험업계에 좋은 회사들이 많아 대우가 괜찮다는 소문을 들었던 모양이었다. 그리고는 보험 영업의 내용을 좀 더 알고 싶어 나를 찾아온 것이다.

사실 나는 보험을 미국에서 처음 시작한 관계로 한국의 보험업 사정은 잘 알지 못한다. 그렇지만 한국에서 온 제임스는 같은 영업 계통이라 이미 나름대로 어떤 이해를 하는 듯했다. 아마도 미국에서도 어떻게 하면 나름대로 목표를 이룰 수 있다고 생각한 것 같았다.

나한테도 이 정도의 영업 관록이 있는 사람과 같은 팀에서 일한다면 나쁠 것이 없을 것 같아 기꺼이 그를 채용했다. 그에게는 이미 중학교, 고등학교에 다니는 두 아이가 있어 안정감 있는 집안의 가장의 모습을 보여주는 것도 맘에 들었다. 나는 책임감 있는 가장들을 좋아한다.

스스로 동기 부여 관리도 잘하고 팀에 영업에 관한 경험도 많이 나눠줘 당시 신입 에이전트들에게도 큰 도움이 되곤 했다. 그 후 일 년간은 꽤 성실히 매일 출근하고 또 모든 훈련에도 임하면서 영업 활동을 잘해왔다.

그런 그가 갑자기 일을 그만두고 싶다고 통보해왔다. 아직 그의 실적은 그만그만했지만 나는 그가 그렇게 갑자기 마음을 접을 줄은 생각도 못 했다. 그때는 나도 매니저의 경험이 별로 많지 않아 그런 마음들을 읽지 못한 불찰도 있었다.

그가 그렇게 그만두고 나서 그에 관한 여러 가지 이야기를 들었다. 다른 건

다 접어놓고, 사람들에게 보험 이야기를 하는 걸 상당히 꺼렸다는 얘기를 들었다. 사람들이 자신에게서 보험을 사지 않아 꽤 실망했다는 동료 에이전트들의 전언이 있었다.

나로서는 그 정도의 경험 있는 영업사원이 고객의 거절을 감당하지 못했다는 사실이 그저 놀랍기만 했다. 아마도 한국의 자동차 영업 실적이 과장된 건 아니었을까 의심도 들었다.

그래서 그로 인해 이런저런 생각을 하게 되었다. 품질은 전혀 손색이 없는 제품인데 왜 그는 고객들로부터 선택을 받지 못했을까? 또 그 정도의 거절은 영업인이라면 누구나 겪을 수 있는 것인데 왜 그는 유독 그렇게까지 느끼게 되었을까? 나는 그의 개개인의 자세한 사정을 알 수는 없었지만, 나중에 훈련용으로 이 문제를 조명해보았다.

당시의 우리 회사는 보험업계에서는 교민사회에선 모를 사람이 없을 만큼 지명도가 있는 회사였다. 굳이 한 가지 문제라면, 미국의 전반적인 보험회사에 비해 가격이 아주 저렴한 편은 아니었다. 그렇지만 한인들이 꼭 싼 제품만 찾는 게 아니라서 잘하는 에이전트들은 가격 때문에 구애를 받지는 않았다.

• 나의 안을 먼저 챙겨라 •

내가 우선 생각해본 점은, 그는 미국에서 보험 에이전트로 일하는 자신에 대한 어떤 확신이 없었던 것 같다. 나만 해도 처음 보험 영업을 한다고 나섰을 때 왜 하필 그런 걸 하느냐고 의아하게 보던 사람들이 있었다. 이 현상은 미국 현지인들보다는 교민끼리 더 심했다. 그냥 더 이상 할 것이 없어 인생 막차로 그 일을 선택하는 것으로 보는 사람이 있었던 것 같다. 종종 그런 느낌을 받았다. 그런데 그게 아니라 에이전트 스스로가 자신을 그렇게 생각하는 경우가 훨씬 많았다.

만약 진정 자기가 에이전트로 일하는 게 만족스러운 사람이라면 그런 의식이 들어올 틈이 없다. 우리는 사람들에게 재정적으로 곤란할 수 있는 사항들을 미리 보여주고 예방 또는 해결책을 제시하는 귀한 일을 하는 전문가들인 것이다.

우선 미국에서 보험 라이선스 따는 일은 그리 쉽지 않은 첫 관문이다. 나는 그걸 '보험고시'라고 종종 표현한다. 아무리 하고 싶어도 이 라이선스가 없으면 안 되기 때문이다.

미국에서는 보험 같이 고객의 재정을 다루는 일은 광고도 함부로 할 수가 없다. 얼마나 까다로운 감독을 회사로부터 받아야 하는지 모른다. 함부로 고객에게 선물도 줄 수 없다. 모두 법으로 철저히 규정되어 있어 회사들은 까다롭게 규제와 감독을 하고 있다. 이런 모든 절차는 참된 재정 프로페셔널로 일해주기 바란다는 기대로 인한 것이다.

이뿐만이 아니다. 이 일로 얻을 수 있는 재정적 성공의 기회도 타 업종에 비해 훨씬 많다. 굳이 내 돈을 투자하지 않고도 안정된 커리어로 성공할 기회가 얼마든지 있기 때문이다. 따지고 보면 어느 일을 하든 매주 정해진 시간을 일해야 한다. 그 제한된 시간 동안 얼마나 수익 생산성을 올리느냐 하는 것은 전적으로 에이전트 자신에게 달려 있다.

앞의 제임스의 경우엔 정신력이 무너진 경우였다. 자기 연민에 빠져 기회를 못 살린 예가 되고 말았다. 만약 제임스가 자기를 그렇게 바라보는 대신 자기 마켓에 있는 고객들의 형편을 볼 수 있었으면 아마도 상당히 다른 성과를 얻었을 것이다.

한국에서 이름을 떨치는 보험왕의 영업 전략도 크게 다르지 않다고 책에서 읽었다. 그들은 자신의 고객 및 장차 고객이 될 사람들에 대해서도 개개인의 모든 정보를 꼼꼼히 챙긴다고 한다. 생일, 가족 행사, 애완견 이름, 출신 학교, 직업, 직장, 차종 등등 모든 정보를 기록해두고 안부를 물을 때는 이러한 메모를 보면서 이야기한다. 판매에 집중하기보다는 각각 한 사람 한 사람에 관심을 기울인 결과, 그들은 보험왕에 등극할 수 있었던 것이다.

이렇게 한 사람 한 사람 집중하다 보면 그들이 나의 열성 팬이 되어주는 건 그냥 시간문제일 뿐이다. 보험왕들의 성공은 이런 열성 고객들의 도움이 지대하게 작용을 했다는 것을 짐작하기가 그리 어렵지 않다.

나는 어려울 때 틈만 나면 어디 조용한 곳에서 눈을 감고 상상을 하곤 했다. 그리고 힘든 상황이 잘 풀리는 만족한 결과를 그렸다. 고객을 만나러 가기 전에도 차 안에서 잘되는 모습을 그렸다. 과거에 잘못한 일들을 후회하는 대신, 그것들이 잘되었더라면 좋았을 모습으로 바꿔서 생각했다.

지금도 난 우리 팀의 개개인이 잘되는 모습을 상상 속에서 그린다. 그들의 바뀐 모습, 표정, 옷차림, 무대 위에서 상을 받는 모습을 그린다. 거기엔 당연히 환하게 웃는 나의 모습도 끼어 있다.

누구에게나 슬럼프가 올 수 있다. 슬럼프가 정신에 영향을 미치는 것은 스포츠와 영업 세계가 크게 다르지 않다고 한다. 늘 승리하던 선수가 갑자기 패배하는 자신의 모습을 계속 떠올리는 현상은 우울증 환자의 뇌에서 일어나고 있는 현상들과 거의 동일하다고 한다.

이런 때는 여행을 떠나든지 일에서 잠시 손을 놓아 정신적 환기를 시켜주라고 권하고 싶다. 특히 일을 열심히 하던 사람들이 갑자기 실적이 떨어져서 겪는 슬럼프는 반드시 신중하게 관리하고 신경을 써야만 한다. 그래서 난 일 년에 두어 번씩 모든 걸 내려놓고 장거리 도로 여행을 하곤 한다.

　중요한 것은 이런 슬럼프나 플래토(정체 상태)가 절대로 하락의 증거가 아님을 깨닫는 일이다. 이때 새롭게 좋은 에너지를 얻으면서 또 다른 도약을 기대할 수 있기 때문이다. 늘 새로운 차원으로 가기 직전에는 이런 전환의 기회가 오기 마련이다.

당신의 인생을 바꾸는 영업비밀 노트 한 줄

중요한 것은 이런 슬럼프나 플래토가 절대로 하락의 증거가 아님을 깨닫는 일이다.

어떤 조직에서도 결과를 만드는 영업비밀 노트

· 3 장 ·

고객이 사게 만드는
8가지 영업 기술

노력보다
센스가 필요하다

· 고객을 읽어라 ·

진호 씨(가명)는 어느 날 아침, 내 방으로 찾아와 지난날의 실적을 자랑스럽게 보고했다. 그를 보고 있으면 일하는 동기가 분명했다. 그리고 성공하고 싶어 했다. 교육도 성실히 참가하고 꽤 끈질긴 태도를 보였다.

그의 보고는 이랬다. 한 달 동안이나 그를 끈질기게 접촉한 결과 결국 손님이 그의 플랜을 하나 샀다고 한다. 그런데 문제는 정작 고객은 진호 씨의 집요한 요구가 귀찮아 포기하고 자신의 필요와 관계없이 가장 저렴한 것으로 사주었다는 것이다.

진호 씨는 그게 자신의 승리라고 믿는 것 같았다. 팔고 나서도 배운 대로 종이를 펴놓고 소개받을 손님의 이름까지 요구했단다. 손님은 아주 질린 표정으로 이름 하나를 주기는 했는데 소개한 자기 이름은 언급하지 말아 달라고 단단히 부탁을 했단다.

정말로 진호 씨는 자기 말대로 자신이 이긴 걸까? 글쎄, 아직도 이런 영업이 먹히는 게 신기하지만, 한국 사람의 경우 70% 이상의 손님층은 관계를 중시하기 때문에 계속 부탁하거나 접촉해오면 결국 영업은 성공한다고, 언젠가 세미나에서 통계적 데이터들을 본 적이 있는 것 같다.

그가 손님에게 제품을 소개한 방법은 옛날 재봉틀 돌리던 시절, 우리 아버지한테 '미싱'을 팔던 어떤 영업사원의 영업 방법이었다. 그는 싱글거리며 한동안 집에 들락거리더니 우리 집에 전혀 필요 없는 기계를 사람 좋은 우리 아버지에게 파는 데 성공했다. 얼마 안 가 그 재봉틀은 당연히 어느 구석으론가 사라져버렸다. 그 영업사원도 물론 사라져버렸다.

앞서 소개한 수잔 씨는 약속 나가는 날 아침엔 먼저 내게 들려 내용을 짧게 이야기를 해주곤 했다. 그리고 내게 미리 코멘트를 구한다. 그의 손님과의 미팅은 대개 한 시간 정도 계획을 하는데 가능하면 손님을 사무실로 오도록 했다. 그게 여의치 않으면 손님의 집이나 직장 또는 사업장으로 찾아가서 만난다.

이런 날은 수잔의 옷차림새가 평상시와 다르다. 그 이유를 물어보면 만날 사람의 형편이나 일터에 따라 가급적 손님이 편하게 대할 수 있도록 미리 생각한다는 것이었다. 바쁘게 일하는 일터에 회사의 복장 규정에 맞춰가면 십중팔구 부담스러워하는 걸 깨달은 것이다. 당시 내가 일하던 회사는 사내 복장 규정이 매우 까다로웠다.

또 그녀는 손님을 만나기 전에 여러 시나리오를 예상했다. 손님이 제대로 진심을 말해주지 않을 경우를 대비해 아이스브레이킹 대화 소재도 몇 가지씩 챙겨가곤 한다. 이런 경우 반드시 날씨 등의 평범한 이야기보다는 고객의 일상에서 긍정적으로 관련이 있을 만한 거리를 꼭 사전에 확인한다. 공부 잘하는 아이가 있는지, 집안에 어떤 경사가 있는지 등등. 아니면 미리 사업장에 도착해 둘러보며 소재를 찾은 다음 테이블에 앉곤 한다고 했다.

그래서 그런지 그녀는 거의 모든 세일에 성공한다. 그리고 예상보다 항상 더 건져서 가지고 온다. 그게 비즈니스든 아니면 선물이든 뭐든 상관없다. 지금은 나와 함께 일하지는 않지만 모두 어렵다는 요즘 시기에도 그는 아무나 만나지 않는다. 모든 사람을 다 만날 시간이 없기 때문이다. 얼마 전에도 만나 함께 식사를 하면서 들어보니 지금의 대부분의 비즈니스는 손님들의 소개로 하고 있다고 한다. 그녀는 어떤 센스를 가지고 있는 것일까?

그 외에 내가 아는 몇몇 에이전트를 만나면서 종종 이야기를 듣는다. 영업을 잘하는 이들은 항상 멀리 다닌다. 다른 사람들과의 경쟁을 피하기 위해서

다. 그들은 한 주간의 루틴을 요일별로 정해서 지역을 잡는데, 남들이 잘 가지 않는 곳을 다녔다.

멀리 사는 한인들은 교민사회와 떨어져 있어 외로움을 많이 느낀다. 그런데 그런 곳까지 찾아가 만나주면 그들은 감동하는 모습을 보인다. 그런 고객들은 가능하면 멀리까지 찾아와준 영업사원에게 고마워서라도 빈손으로 돌아가게 하고 싶어 하지 않는다.

영업 초기 시절에 난 아주 멀리 있는 분의 전화를 받았다. 찾아가겠다니까 사양하며 극구 미안해했다. 방문하는 날 간단한 한식 런치 메뉴를 준비해 찾아갔다. 아주 허름한 사업장에서 홀로 일하고 있었다. 내게 전화한 용건의 대답을 해주고 두어 시간 같이 있으면서 사는 이야기를 들었다.

그날 난 내가 해본 거래 중 가장 큰 클로징을 했다. 비록 내 양복이 그을리는 참사를 겪었지만, 그 즐거운 기분은 비할 바가 없었다.

영환 씨(가명) 경우도 유사하다. 그의 말에 의하면 자기는 절대 영업에 관한 이야기를 손님과 하지 않는다고 했다. 늘 루틴 코스를 정하고 다니니까 시간을 넉넉히 잡고 다닌다. 그런 날은 대개 한동안 못 만난 이야기를 나눈다. 그는 주로 듣는 편이다. 듣다 보면 그들이 먼저 필요를 이야기하고 자기는 그게 뭐든 자기가 할 수 있는 모든 도움을 준다고 했다.

영환 씨는 미국에 늦게 온 관계로 아주 50대 중반의 나이에 보험업에 들어왔다. 한국에선 다른 계통의 영업을 했지만, 미국에선 관련되는 일이 없어 이 일을 시작하게 된 것이다. 그도 그의 회사에서 꾸준한 에이스 에이전트로 활약을 하고 있다. 건강이 좀 안 좋은 편이지만 아직은 꾸준히 더 일할 계획이라고 한다.

어느 날 아침 시간에 앞서 언급한 에이전트 존(가명)에게 전화를 걸었다. 그의 한 주간 움직이는 활동 범위를 아는 관계로 오늘은 어디쯤 있겠다는 생각이 들어 안부 차 통화를 한 것이다. 그렇지 않아도 그는 예정지로 내려가면서 지금 만날 손님들에게 나눠 줄 빵과 떡을 한인 가게에서 사는 중이라고 했다. 준비되는 대로 출발한다고 했다.

그는 인물도 출중하고 사람 좋은 인상과 깔끔한 복장을 늘 하고 다닌다. 무엇보다 그는 엄청나게 먼 거리를 이동한다. 그렇게 많은 케이스를 쓰면서도 어떻게 그렇게 먼 거리까지 다니는지, 그야말로 초인적이다. 그는 그렇게 20년 넘게 꾸준하다. Covid19가 무색하다. 이에 그도 극도로 대비하지만, 그렇다고 활동을 줄이지는 않고 있다.

그는 먼 거리를 이동할 때 준비가 철저하다. 미리 만날 고객 이름과 고객별 예상 비즈니스를 작성하고, 각자의 경우 수들을 예상해 여러 가지 시나리오를 준비한다. 일의 양이 너무 많기 때문에 아주 유능한 전담 스태프를 채용해 사전 준비를 일주일 내내 한다. 그의 비즈니스의 양 때문에 우리 사무실도 그의 이런 흐름에 적극 맞추는 시스템으로 운용하고 있다. 난 그로부터 늘 긍정 에너지를 받는다. 현재 내 팀의 운용 방안에 대해서도 좋은 아이디어를 많이 주고 있다.

아마도 그는 아직 이 업계에서 거둘 게 많을 것이다. 우리 회사를 만난 게 그 이유 중 하나라고 감히 생각하고 싶다. 타사에는 없는 차별적인 제품과 콘셉트들, 전담으로 도와주는 스태프들, 전사적인 지원이 있기 때문에 내가 그를 보며 그리는 그림은 아주 멋지게 실현될 것이다.

• 이야기를 활용하라 •

글을 마치기 전에 한 가지를 적고 싶다. 영업인이라면 처음부터 가망 고객의 벽을 넘는 일이 쉽지 않다. 이런 손님들은 바쁜 시간에 영업하는 사람들의 방문이 달갑지 않다. 그래서 심리적으로 대면하는 걸 상당히 부담스러워한다.

이런 손님들과는 어떻게든 연결되는 게 중요할 수밖에 없다. 그 연결하는 방법은 결론적으로 이야기하면 바로 '이야기', 즉 스토리텔링이다. 억지로 지어내지 않은 우리 제품에 대한 스토리에 그 키가 있는 것이다. 그 이야기, 스토리는 우리만이 줄 수 있는 매력이다. 긴 시간을 뺏지 않고 그 스토리를 전달하면 된다.

그 방법은 다양하다. 앞의 영환 씨처럼 세상이 궁금한 사람들에게 친구로 다가가 세상 돌아가는 이야기를 들려주고 또 그들의 이야기를 들어주다가 한마디씩 이야기를 던지는 것이다. 그는 그렇게 톱 프로듀서의 위치를 지키고 있다. 그는 인사차 보내는 이메일이나 만나는 약속을 잡는 말 끝에도 이런 이야기들을 자주 던진다고 한다. 그로 인해 받는 전화도 적지 않았다고 한다. 나는 CPA 같은 전문인 그룹의 사람들에게도 스토리 하나를 이야기하면서 좋은 관계를 만든 일이 많다.

스토리의 매력은 호기심을 유발하고, 나아가 믿을 수 있다는 신뢰까지 줄 수 있다는 점이다. 이게 바로 콘텐츠인 것이다. "결국 스토리텔링만 한 마케팅 방법은 없다."라고 말하는 전문가도 있다. 회사의 정보도 스토리텔링으로 전파한다. 그렇게 함으로써 고객들이 우리의 이야기를 대신 전달해주는 영업 사원 역할도 해줄 수가 있다. 그들은 기꺼이 자신의 기분 좋았던 경험을 사람들에게 이야기해줄 것이다.

당신의 인생을 바꾸는 영업비밀 노트 한 줄

스토리는 우리만이 줄 수 있는 매력이다. 긴 시간을 뺏지 않고 그 스토리를 전달하면 된다.

고객의 고민을
먼저 경청한다

• No pain, no sale! •

미국의 데이비드 샌들러(David Sandler)는 종래의 영업 모델은 이미 기능을 상실했다고 간파했다. 그는 그간 세일즈맨들이 사용했던 영업 기법들은 이미 기능을 잃었다고 생각했다. 따라서 영업인이란 직종은 정치인들과 더불어 가장 혐오스러운 직종이 되어버렸다고 말하고 있다. 그래서 그는 세일즈맨과 고객, 둘 모두에게 보다 적합한 '샌들러 판매 시스템(The Sandler Selling System)'을 행동심리학(Behavioral Psychology)에 기초해서 개발해냈다.

이 기법에 기초한 의식에 따르면, 영업인은 지금보다는 전문가로서 더 존경을 받아야만 한다. 그리고 영업인들의 시간을 이용해도 좋을 만한 자격이 있는 사람들만이 고객으로서 도움을 받을 수가 있다. 또 모든 영업의 프로세스는 반복적으로 시행이 가능해야 하는 동시에 결과는 수치로 표시할 수 있어야 한다고 설명한다. 필자도 이 시스템에 필요한 소정의 과정을 거치고 트레이너 자격증을 받은 바가 있다.

이 시스템에서 강조하는 것 중 한 가지인 'No pain, no sale'이 말하는 바는 간단하다. 그것은 손님의 고통을 파악하지 못하면 세일즈는 일어나지 않는다고 규정한다. 이 말은 충분히 이해할 만할 것이다. 아무도 고통이나 고민거리를 바라지는 않는다. 사람에게 어떤 힘든 고통이 발생하면 누군가가 나서서 신속히 해결해주기를 바란다. 고객들도 이와 마찬가지이다. 당신이 그들의 고통을 줄여줄 자라고 믿어야 하는 것이다.

그때 당신은 의사와 같은 역할을 할 수 있게 된다. 속이 뒤틀리는 듯한 고통이나 정신이 아득해질 정도의 고통을 느껴본 적이 있을 것이다. 이런 경우엔 앉아서 치료를 기다리는 일은 정말 힘들다. 고통을 없애달라고 뭐든 다할 것이다. 이럴 때 도와줄 수 있는 의사는 그야말로 위대하다.

영업 현장에서 만나는 고객이나 잠재 고객들은 자신들의 고통을 곧바로 세일즈맨에게 이야기하지 않는다. 하지만 잘 관찰해보면 뭔가 고통을 암시하는 말을 내비치기 마련이다. 예를 들면, 비즈니스의 수익이 떨어진다는 정도의 말이다. 마켓에 경쟁이 점점 더 심해진다는 말도 그렇다. 지난 2분기 동안 영업 실적이 계속 떨어졌다는 말도 바로 그런 고통을 나타내는 말이다.

고객이 자신들의 힘든 일들을 이야기하는 것은 아주 낮은 볼륨의 라디오를 틀어놓은 것과 같다. 영업 초짜가 이 정도만 들을 수 있어도 많이 간 것이다.

그렇지만 이런 말을 듣고 이해해줬다고 고객들이 당신에게서 사지는 않는다. 당신이 이런 말들을 듣고 그들의 진짜 고민을 알아주게 될 때에야 그들이 당신에게서 사게 되는 것이다.

그렇게 되기 위해서는 라디오의 볼륨을 높여줘야만 한다. 이런 단계에 이르면 그 문제는 고객 자신의 개인적인 문제로까지 깊게 내려가게 된다. 그때 당신이 그 문제를 해결해주지 못한다면 고객은 당신이 자신에게 끼칠 영향까지도 심각하게 생각할 것이다. 그러나 신뢰가 형성되면 그들은 당신이 자신들의 문제를 정확하게 파악해주기를 바란다.

그 볼륨을 올려주는 가장 좋은 방법은 고객이 고통을 스스로 없애보려고 했다가 실패한 경험들을 상기시키는 것이다. 그리고 현재의 힘든 상황과 그 고민이 해결되었을 때 느낄 시원함을 비교해 보여주는 것이다. 이때는 수치화해서 금액으로 보여주는 것이 가장 좋다.

고객 자신이 고민거리를 간접적으로 표현할 때, 그 느낌을 스스로 표현하게 하는 게 좋다. 그러면 그로 인해 겪는 고통을 잘 이해할 수 있게 된다. 그러면 골치 아픈 것들이 해결되었을 때 느낄 시원함도 확실히 깨닫게 된다.

이런 과정을 통해 고객이 자신의 고민이나 고통을 이해하게 되면 당신에게 적극적으로 해결을 부탁한다. 왜냐하면 더 이상 그렇게 힘들게 살 수가 없기 때문이다. 그리고 당신이 그것을 해결해 줄 사람이라고 믿게 된 것이다. 이런 신뢰의 관계가 확립되면 고객은 당신이 어떤 것을 제시해도 따르게 된다.

보통의 세일즈맨은 고객과 만나면 자신이 말할 기회를 끊임없이 찾는다. 성과를 내고 싶어서 마음이 급하기 때문이다. 혹은 자신이 아는 내용에 꽂혀서 다른 것 필요 없이 능히 클로징할 수 있다고 믿기 때문이다. 처음엔 얘기를 듣는 척하다가 30초도 안 되어 세일즈 모드로 바뀌는 영업사원을 본 적 있을 것이다. 이런 영업 태도를 보이는 사람들은 고객의 문제를 해결하는 데에는 처음부터 관심도 없다.

이 얼마나 큰 오해인가! 손님은 세일즈맨들이 들어오는 순간부터 이들로부터 달아날 기회를 찾는데, 우리는 거기에 뭔가 할 수 있다고 믿는 것이다. 흔히 하는 말로 영업에 성공하려면 영업하지 말아야 하는데, 그 반대로 하는 경우가 너무 많은 것이다. 고객들은 그렇게 간단하지 않다. 우리가 팔려고 하면 할수록 더 입을 닫아버린다.

그래서 진짜 고수들은 영업하러 나가면 이야기를 듣는 데 집중한다. 판다는 인상보다는 저들이 구매 의향이 있는지 파악하는 것이다. 자신의 진짜 마음은 감춘 채, 변죽같은 암시만 나열하는 고객들의 라디오에 온갖 촉각을 세우고 진짜 그들이 힘들어하는 게 무엇인지 찾아내려는 것이다.

• 클로징으로 고객의 고민을 먼저 제거한다 •

전통적인 세일즈 방법은 프레젠테이션을 먼저 고객에게 한다. 그리고 그 내용에 대해 궁금한 사항에 대해 질문하게 하고 대답을 해주어 고객의 의심이나 염려를 제거한다. 그런 후 마지막으로 클로징 단계에 들어가는 것이다.

그런데 이 마지막 단계에서 많은 변수가 발생할 수 있다. 제품 내용이 좋아 사고는 싶은데 막상 돈이 준비되지 않았다거나, 다시 한 번 생각할 시간을 갖고 싶다는 등의 핑계 때문에 성과로 이어지지 못하는 경우가 많은 것이다.

이것은 예상 고객이 당신의 프레젠테이션에 적합한지 미처 알지 못해서 발생한 일이다. 또 고객의 필요를 전혀 이해하지 못한 데서 오는 헛수고이다. 고객의 고민을 미처 파악하지 못해 그들의 필요를 몰랐기 때문이다.

그러나 '샌들러 판매 시스템'은 독특한 구조로 이를 운용한다. 이 시스템에서는 클로징을 먼저 한다. 이는 이미 고객의 고민거리가 밝혀졌기 때문이다. 고객이 빨리 그 고통에서 벗어나고 싶어하기 때문에 클로징으로 일단 해결하는 방식이다. 먼저 클로징함으로써 이 고객의 고통을 제거하고 나면 그에 따른 질의응답을 필요할 경우에 한하여 하게 된다. 그리고 나서 전통적 세일즈 방식에서 가장 중요하게 여겨지는 프레젠테이션을 맨 마지막으로 하게 되는 싸이클을 갖게 된다.

그래서 샌들러 시스템의 영업 성공률은 95% 이상이라고 한다. 이는 자격이 없는 잠재 고객들을 미리 제거하여 성공률을 확연히 올리는 동시에, 세일즈맨이 불필요한 노력을 들이지 않고 시간을 효과적으로 관리할 수 있기 때문이다.

당신의 인생을 바꾸는 영업비밀 노트 한 줄

No pain, no sale! 손님의 고통을 파악하지 못하면 세일즈는 일어나지 않는다.

고객의 기분이나 외모로
예단하지 말라

• 끝까지 고객을 경청하라 •

사람의 마음을 읽기란 그리 간단하지 않다. 사람을 매일 만나서 상대해야

하는 사람들의 희망 사항은 상대의 마음을 읽는 것이다. 그래서 종종 심리학

서적을 찾아 행동을 분석하는 내용들을 찾아보지만 대부분 부질없다.

특히 영업하는 사람들은 고객과의 심리적 줄다리기가 많기 때문에 어떻게

든 본심을 알아내는 게 중요하다. 그래서 그들의 말에 집중해서 경청을 하는

것이다. 사실 따지고 보면 고객이 나를 바라보는 시선도 마찬가지다. 어떻게

하면 더 유리한 조건에서 거래를 마무리할 수 있을지를 기본적으로 깔아놓는 것이다.

그렇지만 결론부터 말하면, 사람들의 마음을 짐작으로 제대로 알아내는 건 불가능하다. 이런 경우 내가 마음대로 짐작해 정해버리면 돌이킬 수 없는 낭패를 보기 마련이다.

한 가지 예로, 손님이 결정을 못 내리는 상황에서 초보 세일즈맨들은 으레 가격이 안 맞아 그렇다고 짐작한다. 그래서 좀 더 싸게 해주겠다는 제시를 하게 된다. 그러나 손님이 가격보다는 내구성이나 고장이 없는 것을 찾고 있다고 한다면 이건 큰 실패이다. 따라서 상대의 입으로부터 진심을 끌어내는 데 집중하는 것이 확실한 방법이다.

고객의 마음을 잘 알아맞추는 것이 우수한 영업인의 조건이 아니다. 고객 자신이 스스로 자신의 느낌을 말하게 만드는 사람이야말로 잘하는 영업인이다. 고객이 말을 끝마치기 전에 모든 문제를 파악했다 하더라도 절대로 중간에 고객의 이야기를 끊지 말아야 한다. 예측한 것과는 다른 상황이 있을 수도 있으며, 미처 몰랐던 것을 알 수도 있기 때문이다.

고객이 자신의 이야기를 충분히 먼저 이야기하게 하는 게 중요하다. 그러면 고객들도 그 사람의 말에 귀를 기울이게 될 것이다. 따라서 손님이 스스로 자기 입으로 말할 때까지 기다리는 게 좋다. 그것이 바로 클로징을 성공으로 이끄는 최고의 방법이 된다.

클로징의 최종 단계에서 주의할 점은 '어떻습니까?'라는 질문은 좋은 방법이 아니라는 것이다. 살지 말지 선택권이 손님에게 넘어가면 문제가 달라지기 때문이다. 미처 생각이 정리되지 않았다는 것을 깨달으면 대답을 'No'로 하는 경향이 있기 때문이다. 따라서 'Yes or No?'와 같이 추궁하는 듯한 화법은 좋지 않다. 차라리 제시한 방법들 중에 어떤 게 마음에 드는지 물어보는 식으로 선택하게 해주는 것이 좋다.

이때 한 가지를 덧붙이자면, 고객은 자신의 이야기에 당신이 긍정적으로 반응하는 것을 좋아한다. 아무리 마음에 들지 않아도 그 자리에서 부정적인 대화를 사용해서는 안 된다. 그보다는 '아! 그렇군요.'라고 먼저 긍정을 해주고, 그다음에 이어 '네, 충분히 일리가 있습니다. 그런데 이렇게도 한 번 생각해보는 건 어떠신지요.' 하는 식으로 차근차근 조리 있게 말해주면 감정 상할 일 없이 진솔한 대화를 이끌어갈 수 있을 것이다. 주의할 점은 마지못해 인정하는 것이 아니라 기꺼이 상대의 말에 수긍하는 것이고, 의견에 대한 반대가 아니라는 것을 인지하도록 하는 것이다.

• 고객의 겉모양만 보고 예단하지 말라 •

말콤 글래드웰의 저서 『블링크』에는 예단에 관한 재미있는 이야기가 2가지 소개되고 있다. 그 중 하나는 '워렌 하딩의 오류'이다. 이 오류는 사람의 외모와 감성만 보고 판단했다가 겪는 실패를 말한다.

워렌 하딩은 미국의 제29대 대통령이다. 부유한 아내의 도움으로 상원의 원이 되었다. 특별한 업적도 없었지만 대통령 후보가 되어 자신의 출중한 외모와 뛰어난 언변으로 유권자들을 사로잡아 결국 높은 지지율로 대통령에 당선되었다.

여기서 그의 추종자들이 범한 치명적 실수는, 워렌 하딩의 출중한 외모에 압도되어 그의 본래 모습을 제대로 보지 못한 것이다. 그는 미국 정치사의 재앙이 되었고 잘못된 인사와 측근들의 비리가 잇따랐다. 우유부단한 정책의 결정으로 미국 경제를 혼란에 빠뜨리고 이는 결국 미국 대공황의 단초가 되고 말았다.

안타깝게도 그는 임기 2년 만에 심장마비로 숨을 거두었다. 그러나 그의 죽음 후 그 개인의 비리와 부도덕한 언행이 드러나면서, 그의 죽음을 안타까워하던 국민들마저 등을 돌리고 말았다. 그리고 지금은 역대 대통령 평가에서 언제나 최하위를 기록하고 있다.

필자도 지난 18년간 매니저로 일하면서 수많은 사람과 채용을 위한 인터뷰를 해왔다. 미국 사회는 주로 인터뷰를 통해서 채용 여부를 결정하기 때문에, 첫 미팅때 대상의 대화하는 모습과 외모를 보고 판단해야 할 경우가 많다. 따라서 좋은 외적 조건을 가진 사람이 절대적으로 유리하다.

그렇지만 막상 뚜껑을 열어 보면 너무 내용이 달라 당황했던 적이 많았다. 앞 장에서 소개했던 유대인 변호사 에이전트의 경우가 그랬다. 변호사라는 타이틀, 고객의 속을 잘 헤아려줄 것 같던 깊은 눈, 조리 있는 말솜씨, 또 그가 속한 유대인이라는 부유한 시장에 대한 기대감 등 나는 인터뷰를 하기도 전, 그의 이력서를 보는 순간 이미 그를 점찍고 말았다. 그러나 결국 1년도 채 안 돼 그를 내보내야 했다.

또 하나의 예는 미국 뉴저지주 플레밍턴에 있는 닛산 자동차 대리점의 판매 책임자이며 톱 세일즈맨인 밥 골롬(Bob Golomb)이다. 그는 10년 동안 매달 20대 이상의 차를 꾸준히 팔고 있는 살아 있는 전설이다. 그에게는 3가지 규칙이 있다. 첫째, 고객을 소중히 대하라. 둘째, 고객을 소중히 대하라. 셋째, 고객을 소중히 대하라.

그는 고객의 욕구와 기분에 대해서는 순간적인 판단을 수없이 내렸지만, 결코 외모로 판단하지 않으려 했다. 그런 외모에 따른 판단이 세일즈맨의 판단을 휘둘리게 만든다고 생각했다. 그는 문 안으로 걸어 들어오는 사람은 누구나 차를 살 가능성이 똑같다고 생각했다. 따라서 그의 성공의 비결은 손님을 꼼꼼히 관찰하는 능력이라고 말한다.

"이 비즈니스에서는 사람들을 예단할 수 없습니다. 예단은 죽음의 입맞춤입니다. 우리는 모든 사람에게 최선의 시도를 해야 합니다. 풋내기 세일즈맨은 고객을 보고 이렇게 생각합니다. '이 사람은 차를 살 것처럼 보이지 않아.' 이것은 최악의 자세입니다. 때로는 전혀 살 것 같지 않던 사람이 대박인 경우도 있기 때문입니다."

세일즈맨은 워렌 하딩의 오류에 빠지는 경우가 많다. 단순히 고객의 외모에 휘둘려 예단을 하게 되어 겪는 낭패이다. 기껏 오랫동안 경험으로 얻은 정보들이 압도적인 외모에 휘둘려 무용지물이 된다면 그렇게 허망할 수가 없다. 이런 오류를 반복한다면 결코 영업에 성공할 수 없다.

당신의 인생을 바꾸는 영업비밀 노트 한 줄

톱 세일즈맨 밥 골롬(Bob Golomb)은 말한다.
"이 비즈니스에서는 사람들을 예단할 수 없습니다.
예단은 죽음의 입맞춤입니다."

성공적인 영업의 키는
진심에 있다

• 진심은 길을 잃지 않는다 •

일반적으로 우리가 사람의 관계를 논할 때 종종 진심이 중요하다는 말을
한다. 진심은 통한다는 말을 굳게 믿으며, 진심이 아닌 것은 모두 껍데기라고
생각한다. 인간관계는 개인의 문제뿐 아니라 기업의 성패를 좌우하는 중요한
요소가 되었다. 이런 인간관계의 가장 큰 어려움은 어디에서 비롯되고 있을
까? 『진심은 길을 잃지 않는다』의 저자인 이재만 변호사는 그것을 '진심이 없
는 인간관계'에서 찾았다.

우리가 공기의 존재를 당연시하고 그 고마움을 모르고 살듯이, 그동안 우리는 진심이 가진 큰 힘을 너무 쉽게 간과해왔다. 얼마 전에 '100일 동안, 하루 100가지 감사하기'를 하면서야 비로소 깨달은 것이 바로 내가 가진 것들을 너무 무심하게 대해왔다는 사실이었다.

이재만 변호사는 "진심이란 한 사람 한 사람을 중요하게 생각하는 마음과 태도를 가지는 것이다. 따라서 평범한 나도 상대방을 진심으로 대함으로써 인생을 바꾸는 진심 네트워크의 주인공이 될 수 있고 또 성공으로 가는 길에 설 수 있다."라고 독자들에게 이야기한다.

영업은 어떤 사람이라도 결과를 낼 수 있는 직업이다. 이는 영업의 열쇠가 진심에 있다는 사실을 이해해야 가능하다.

그렇다면 우리가 그렇게 중요하게 여기는 진심이란 과연 무엇일까? 국어사전에서 찾아보면 진심이란 거짓이 없는 참된 마음이라고 한다. 그렇다면 거짓말을 하지 않는 것이 진심이고, 솔직한 것이 진심일까? 모든 사람과 상황에 솔직한 것이 정말 좋은 것일까?

한편, 진심의 반대말은 무엇일까? 영업하는 사람의 입장에서 보면, 이에 대한 답은 아마도 가식이지 않을까 싶다. 가식은 말이나 행동을 거짓으로 꾸미는 것이다. 종종 성과를 내는 데 급해서 마음에 없는 말을 하는 경우도 있다. 또, 손님에게 필요하지 않은 상품을 권할 수도 있을 것이다. 그러면 이것들은 모두 나쁜 것일까?

일단 영업인의 모든 노력은 고객의 신뢰를 얻기 위한 것이다. 아무리 좋은 의도라 해도 만약 고객의 신뢰를 얻지 못한다면 그 결과는 굳이 보지 않아도 뻔하다.

나의 지난 18년 영업의 경우를 보더라도, 아무리 선한 의도가 있더라도 상대에게 그 진심이 전달되지 않아 낭패를 본 일이 얼마든지 있었다. 또 그와 반대로, 상대의 입장을 먼저 헤아려 준 결과, 비록 당장 일의 성과를 얻지는 못했지만 후에 훨씬 더 큰 것으로 돌아온 경우도 여러 번 있었다. 그 관계는 지금도 이어지고 있고 나의 비즈니스에 큰 지원군처럼 작용하고 있다.

진심에는 사람을 끌어당기는 힘이 있다. 그 진심이 주변 사람을 움직이게 한다. 사람은 바로 진심이라는 순수한 마음에 감동하는 것이다. 영업이란 바로 사람을 진심으로 돕는 일이다. 즉 고객이 원하는 것을 찾고 그것을 해결해 주기 위해 도움을 주는 것이 영업이다. 앞서 말한대로 고객 인생이나 비즈니스의 힘든 고민이나 고통을 그들의 의사와 같은 입장이 되어서 치료해주는 것이 진짜 영업 전문인의 일인 것이다. 이런 자세로 만나는 사람을 도우면 영업은 저절로 이루어진다고 생각한다.

• 배려가 진심을 표현한다 •

미국에서 20년 가까이 살면서 집을 옮긴 적이 여러 번 있다. 제임스 씨는 이 긴 세월동안 우리 집안의 부동산 에이전트를 맡아주고 있다. 처음에는 집을 이사할 때마다 에이전트를 달리 했지만, 아마도 최근 15년 가까이 나와 우리 집 식구들의 모든 집 문제를 제임스 씨가 맡고 있다. 그의 고객은 처음엔 나 혼자였지만 그는 이제 결혼해서 분가한 아이들의 집도 맡아주고 있다.

그 이유는 간단하다. 내가 집 문제 외의 어떤 것을 부탁해도 그는 나를 가장 편하게 해주면서 확실하게 해결해주기 때문이다. 그의 대답은 항상 간단하다. 그리고 한결같다.

"이 선생님, 걱정하지 마세요. 어떤 것을 부탁하셔도 괜찮아요. 선생님은 제 평생 손님이시거든요. 말씀하신 것은 곧 알아보고 알려드리겠습니다. 너무 걱정 마세요. 얼마든지 잘 해결되도록 방법을 찾아보겠습니다. 그냥 마음 편히 계십시오."

이런 대화나 서비스가 마음에 힘든 일이 있는 고객한테 어떻게 작용하는지는 굳이 말할 필요가 없을 것이다. 그 사람이라면 나의 짐을 언제든지 기꺼이 해결해줄 것이라는 믿음이 있는 것이다. 그래서 난 내 주위 비슷한 처지에 있는 사람들을 그에게 소개해주려 한다. 그러면 늘 양쪽 모두에게서 감사하다는 대답이 돌아온다.

전 OB 맥주 부회장 장인수 씨는 서울 대경상업고등학교를 졸업하고 제지

회사의 경리직 사원으로 사회생활을 시작했다. 그리고 영업 업무에 대한 막연한 동경으로 1980년 고졸 영업사원 공채로 진로에 입사해 영업사원부터 상무이사까지 올랐다. 하이트주조, 주정 대표이사를 거쳐 2010년 OB맥주 영업 담당 부사장으로 이직한 뒤, 당시 시장 2위였던 OB맥주를 점유율 1위로 올려놓았다. 이러한 능력을 인정받아 2012년 6월 OB맥주 대표이사 사장으로 승진했다.

그의 인터뷰 기사를 전에 본 적이 있다. 도대체 어떻게 진심을 판다는 얘기냐는 질문에 그는 이렇게 대답하고 있다.

"상대 마음을 뺏기 위한 것이 영업이다. 상대 마음을 뺏기 위해 너를 팔라고 한다. 제품을 팔려면 항상 다른 외적인 요인이 들어가지만 나를 팔기 위해선 상대에게 내 본 모습을 보여주게 된다. 결국 '나'를 판 것이 내 제품으로 오게 된다."

삼성생명의 보험 판매왕 김혜영 중앙지점 도명 브랜치 수석팀은 100억 원이 넘는 보험 계약을 올리며 10억 원에 가까운 연봉을 받는 스타지만 대화를 해보면 뜻의 파악이 어려울 정도로 말이 어렵다. 하지만 자신의 말이 다소 어눌할지라도 진정을 담아 얘기하면 오히려 고객들이 더 좋아한다고 그녀는 털어놨다.

그녀는 고객과 만났을 때 절대 자신이 이야기를 주도하지 않는다. 묵묵히 고객의 이야기에 귀 기울이고 고객이 원하는 것이 무엇인지 확신한 후에야 비로소 그에 맞는 상품을 이야기한다.

"제가 보험에 대해 더 많이 알지만, 고객을 가르치려 드는 것은 매우 위험한 태도입니다. 고객의 요구를 정확히 파악하는 것이 더 중요하죠."

다른 사람의 말을 듣는 것은 매우 간단하고 쉬운 일처럼 여겨진다. 하지만 잘 듣는 것이란 상대방의 생각을 주의 깊게 듣고 처지를 이해하는 것이다. 이는 상대방에 대한 최고의 배려다.

영업의 달인들은 감각적으로 이런 사실을 알고 실천해왔다. 경청을 통해 고객을 이해하고 아직 충족되지 못한 고객의 필요를 파악할 수 있기 때문이다.

하지만 잘 듣는 것은 쉽지 않다. 내가 상대방의 생각을 이해했다고 섣불리 생각해서는 안 되는 것이다. 내 주장을 펴고 싶은 욕구도 꾹 누르고 있어야 한다. 중간에 상대방의 말에서 힌트를 얻어 자신이 할 말을 궁리해서도 안 된다. 특히 주의를 분산시키지 말고 상대방의 상황을 완전히 이해하려고 노력해야 한다.

상대방을 인정하고 존중하는 것이 출발점이다. 상대의 말을 들으면서 눈과 손, 몸짓으로 당신의 이야기를 경청하고 있다는 것을 반응해야 한다. 이런 자세야말로 인간관계를 풀어가는 마법의 열쇠다. 신뢰를 통해 진심을 교감하는 것이다.

"진심에는 사람을 끌어당기는 힘이 있다. 그 진심이 주변 사람을 움직이게 한다. 사람은 바로 진심이라는 순수한 마음에 감동하는 것이다."

당신의 인생을 바꾸는 영업비밀 노트 한 줄

진심에는 사람을 끌어당기는 힘이 있다. 상대방을 인정하고 존중하는 것이 출발점이다.

05

상대를
감동하게 하라

• 감성을 이용하라 •

정조대왕을 다룬 영화 〈역린〉이 있다. 그 영화 중에는 『중용』 23장을 인용한 다음과 같은 대사가 나온다.

"작은 일도 무시하지 않고 최선을 다해야 한다. 작은 일에도 최선을 다하면 정성스럽게 된다. 정성스럽게 되면 겉에 배어 나오고, 겉에 배어 나오면 겉으로 드러나고, 겉으로 드러나면 이내 밝아지고, 밝아지면 남을 감동시키고, 남을 감동시키면 이내 변하게 되고, 변하면 생육된다. 그러니 오직 세상에서 지극히 정성을 다하는 사람만이 나와 세상을 변하게 할 수 있는 것이다."

영업은 사람들의 마음을 여는 직업이다. 그래서인지 요즘의 고객 접근법은 다분히 감성적 방법이 대세다. 싸늘하게 식어 있을 사람들의 마음을 어떻게 열 수 있을까? 그것은 바로 정성을 다해 감동시키는 것이다. 감동하면 그들은 스스로 우리의 고객이 되어줄 것이다.

조셉(가명) 씨는 한국에서 이민 온 지 얼마 되지 않아 보험업에 들어왔다. 나이도 이미 50대 중반이고 늦게 시작한 만큼 빨리 자리를 잡아야했다. 그래서 그는 다른 에이전트들이 시도해보지 못했을 방법을 조용히 시도하기로 했다. 그것은 바로 워싱턴 DC에서 새벽 3시경에 열리는 수산물 시장의 공략이었다. 마침 그곳에는 교민들이 장사를 많이 하고 있어서 언어적으로도 유리했다.

그래서 그는 매일 새벽 그곳에 들려 일도 거들어주고 커피나 음료수를 돌리면서 그들의 감성을 건드렸다. 아무도 찾아오지 않던 불모의 땅 같은 곳에 그가 그렇게 영업을 시작해 사람들의 마음을 얻어 성공을 할 수 있었다. 그는 지금도 그때 즐겁게 일하던 시절을 회상하고 있다.

어떤 보험인들은 가장 영업하기 좋은 날은 바로 비가 오는 날이라고 한다.

비가 오면 사람들의 마음이 급격히 센치해져 감성지수가 높아지기 때문이다. 그런 날은 그렇게 날씨도 안 좋은 날에 자기를 찾아온 정성을 보고 고객은 심리적으로 빚진 자가 되어 계약을 따낼 확률이 훨씬 높다고 한다.

이와 같이 고객들에게 감성적으로 접근할 수 있는 가장 좋은 때는 아마도 고객이 행복하거나 아플 때, 힘들 때, 신상에 변화가 있을 때, 그리고 그에게 변화가 있거나 뭔가 절실히 원하는 것이 있을 때이다. 아무 때나 고객에게 접근하는 것보다는 바로 이럴 때 시기를 잘 파악해서 감성적으로 다가가는 게 좋다.

장문정 작가가 쓴 『팔지 마라, 사게 하라』라는 책에 다음과 같은 이야기가 나온다. 한 골목 안에 두 꽃집이 나란히 있는데 두 집의 매상이 '쪽박집'과 '대박집'이다. 이유는 아주 진부한 사랑 타령 때문이었다. 쪽박집은 그냥 '장미 사세요.'라고 하며 팔았는데 대박집은 '사랑 사세요.'라며 팔았던 것이다.

이 진부한 사랑이란 단어가 사람들에게 그토록 인상적으로 작용했다. 바로 사람들의 마음을 움직이게 한 것이다. 장문정 작가는 "머리를 두드리면 실패하지만 가슴을 두드리면 지갑이 열린다."라고 했는데 정말 맞는 말이 아닌가?

• 성공하는 사람들은 밝고 쉽게 감동을 한다 •

성공하는 사람들의 공통점은 재능도 뛰어난 머리도 아닌, 열정과 감동이다. 이미 스스로에게 넘치는 감동이 있기 때문에 남들에게 쉽게 나눠줄 수 있는 것이다. 성공한 사람들은 타인에게 감동을 주는 법을 알고 있다.

어떤 사람은 영업 프리젠테이션을 할 때 원고를 달달 외워 멋진 말을 하려고 하지만, 어떤 이는 그 내용보다도 얼마나 열정적으로 감동을 줄 수 있는지에 대해 고민하고 준비한다. 그렇지만 항상 결과는 후자에게 더 후한 점수를 주게 된다. 그래서 장문정 작가는 이렇게 말하고 있다.

"가급적 유쾌하게 살자. 영혼이 맑은 사람은 마치 자석처럼 주위의 마음을 끌어당긴다."

운이 좋은 사람들은 쉽게 사람들에게 감동을 하고 또한 감동을 준다. 그래서 보이는 이성적인 판단이 아니라 바로 마음을 움직여버리기 때문에 운이라는 것이 자석처럼 딸려 오는 것이다.

운이 있는 사람은 자신의 뇌에서 운이 있는 사람들을 좇기 마련이다. 그러나 운이 없는 사람들은 자신도 모르게 자신과 비슷한 사람을 만나게 된다. 이것은 잘잘못에 대해서 말하는 것이 아니라, 자신도 모르게 그렇게 인간관계가 형성되기도 한다는 것이다.

운이 좋은 사람을 보고 '나도 저런 사람이 되고 싶다.'라고 생각하는 사람은 운이 좋은 사람이 될 확률이 높다. 운이 좋은 사람을 보고 '짜증나는 사람이군. 노력 없이도 일이 잘 풀리는군.'이라고 생각하는 사람은 다가올 운도 사라지게 될 것이다. 내가 운이 좋은 사람들과 어울리고 싶다면 그들과 사귀고 싶은 사람, 어울리고 싶은 사람이 되도록 자신의 이미지를 디자인해야 할 것이다. 아무리 사람이 이성이 있다고 하지만 결국 감정적인 동물이다. 운이 좋은 사람들은 바로 이러한 능력을 잘 발휘하는 사람이기도 하다. 이런 사실의 증거로, 주위의 영업 챔피언에게서 이러한 점들을 찾아볼 수 있다.

그렇다면 성공하는 사람들의 공통점인 운이 좋은 사람이 되는 법은 무엇일까?

1. 적극적인 사고방식을 갖고 사람들과 친근하게 어울리는 습관을 들인다.
2. 자신의 삶에 뜨거운 열정을 가지라. 사람들은 나의 열정을 읽는다.
3. 스스로에 대한 최고의 이미지를 심는다.
4. 두려움과 고통에 과감히 도전하라. 리스크 없이는 발전 또한 존재하지 않는다.
5. 자신의 꿈을 제시한다.
6. 불만을 입에 담지 않는다.
7. 타인에 대한 험담을 삼간다.

위의 방법들이 간단하게 보이지만 일상생활에서 실행하기가 그리 쉽지만은 않다. 성공하는 사람들의 공통점은 운이 있다는 것이지만, 운이라는 것은 그냥 저절로 만들어지는 것이 아니기 때문이다.

그렇지만 간단히 마음과 삶이나 일에 대한 자세를 약간만 바꿔도 얼마든지 가능한 것도 사실이다. 절대로 너무 늦는 법은 없다. 따라서 이제부터라도 자신의 운명을 스스로가 만들어가는 주체적 마음을 갖기로 한다. 실패자의 패턴을 따라 하지 말고, 성공하는 사람들처럼 열정과 감동을 주는 사람이 되기로 한다.

나의 주위에 있는 사람들을 선별하고 그들을 모방하면서 행동하는 게 가장 쉬운 방법이다. 모방도 창작이 될 수 있는 것이다. 이울러 나에게 부정적인 영향을 주는 사람을 멀리해야 할 것이다. 모르면 배우고, 배워서 익히고, 익혀서 습관을 들이면 나의 것이 되는 것이다.

당신의 인생을 바꾸는 영업비밀 노트 한 줄

성공하는 사람들은 밝고 쉽게 감동을 한다.

06

고객을
비즈니스 파트너로 만들어라

· COI 그룹을 만들라 ·

미국에서 처음 보험 영업을 하면서 배운 단어 하나가 있다. 'COI'(Center of Influence). 우리 말로 어떻게 표현을 하는 게 적당할지 모르겠지만 '내 주변의 영향력 있는 사람들' 정도의 뜻이다. 만약 재정 전문가로 일하는 사람에겐 회계사, 변호사, 융자 또는 부동산 전문가 등이 좋은 COI가 될 것이다.

이들은 나에게 기꺼이 손님들을 소개해줄 수 있는 전문가들이다. 나 또한 그들에게 그렇게 할 수 있다. 그 정도로 믿을 수 있는 그룹이다. 이들 그룹은 공식적인 관계보다는 틈나는 대로 간단한 식사나 만남을 통해 서로의 관계를 유지하면서 만들 수 있다.

필자의 초기엔 이 비즈니스로 나를 소개했던 분들이 나의 좋은 COI였다. 그분들은 아직 많은 경험도 없던 나의 첫 고객이 되어주었다. 그리고 2주에 한 번 정도는 그들의 사업장에 불러 간단한 차나 런치를 나누면서 내 일 얘기를 들어주었다. 당시 이민 초기라 인맥이 별로 없었는데, 가끔 지인들을 불러 나에게 소개시켜주며 인맥을 쌓게 도와주곤 했다. 이런 도움은 당연히 내게 아주 큰 힘이 되었다.

당시 나는 이런 COI 관계 만드는 걸 주요 과제 중의 하나로 삼았다. 매 달 마지막 주 며칠간은 의도적으로 고객들과 스케줄을 잡고 어떤 핑계로든 찾아갔다. 일 때문에 바쁜 분들은 그들의 업소에 들려 같이 일도 도와주면서 세상 이야기를 나눴다. 이때 내가 하는 일 중에서 그들 주변 사람들에게 필요할 만한 정보를 얘기해주었다. 그러면 그들은 그 정보를 필요로 하는 사람에게 그 얘기를 전해주기도 했다.

덕분에 지금은 여러 훌륭한 CPA와 변호사, 부동산 전문가 등과 친분을 쌓을 수 있었다. 특히 우리가 하는 업무 중 자신의 고객에게 적용하면 유리한 것이 많다고 생각해 직접 라이선스를 취득해 나와 같이 팀으로 일하는 CPA 분들도 있다.

몇 주 전에, 최근 사무실을 먼 곳으로 이전한 회계사 한 분을 만났다. 이전을 축하할 겸 집에 있던 와인 한 병을 들고 약속된 시간에 들렸다. 그간 못 나눈 이런저런 이야기를 하다가 요즘 우리가 집중하는 한 가지 고급 콘셉트를 들려줬더니 마침 자기 친구에게 그게 꼭 필요할 것 같다고 기꺼이 자료를 부탁해왔다.

우리 회사에서는 보험 업무가 주요 내용이지만 이를 이용한 고소득자나 사업자가 관심을 가질 만한 좋은 콘셉트가 많다. 그런데 이런 내용들을 고객층에게 직접 설명하면 좋은 것이라는 생각이 들어도 규모가 커서 선뜻 결정을 하지 못한다. 이런 경우엔 자신들의 회계사에게 연결해주고는 그들에게 설명해주길 원한다. 회계사가 동의하면 진행할 의사가 있는 것이다.

그러나 문제는 보통의 회계사들은 세금 보고에만 치중해서, 자기가 알지 못하는 부분을 대신 맡는 리스크를 좋아하지 않는다는 것이다. 그렇지만 이런 분야에 관심을 갖지 않으면 안 되는 명분을 사석에서 나누면서 회계사분들의 이해를 키우면 문제는 달라진다. 자신의 고객들에게 엄청난 이익을 줄 뿐 아니라 회계사의 비즈니스에도 큰 증진이 될 수 있음을 알려주는 것이다.

지금 우리가 하는 큰 규모의 비즈니스는 이런 COI 그룹의 역할이 크다. 매년 라스베가스에서 열리는 심포지움에 초대해서 그들의 비즈니스를 어떻게 우리가 도울 수 있는지 알려주는 기회를 확대하고 있다. 게다가 그들의 로컬 활동도 지원하면서 함께 방향을 나누는 기회를 펼쳐가면서 그룹을 키우는

데 힘을 들이고 있다.

• 인맥 관리가 답이다 •

보통 인맥 관리라고 하면 페이스북이나 링크드인 또는 인스타그램으로 연결되는 친구들을 생각한다. 따라서 그 숫자를 늘리는 데 노력을 많이 기울인다. 그러나 실제 업무에서는 그런 인맥이 얼마나 도움을 줄 수 있을지는 미지수다. 개중에 대중에게 광고 판매를 할 경우엔 분명한 효과가 있을 수도 있다. 그렇지만 전문적인 서비스를 해야 하는 경우엔 좀 다를 수 있다. 고객의 육체적인 고통을 해결하기 위해선 반드시 의사와 만나야 한다. 마찬가지로 고급 비즈니스의 경우엔 고객과의 1:1 관계를 반드시 확립해야 하는 것이다.

종종 고객들이 이탈하는 경우가 있는데 그 이유는 관리 소홀에서 비롯된다. 내가 일하는 보험업의 경우, 초보들에게서 어처구니 없는 고객 관리 사례를 종종 보게 된다. 그것은 거래를 열기 위해 공을 들여 관계를 만들어놓고는 거래가 끝나면 더 이상 연락하지 않고 새로운 거래 대상에게 가버리는 것이다. 이런 식으로 고객을 관리하면 고객은 괘씸하게 여기게 된다.

미국의 LIMRA(LifeInsurance and Market Research Association)의 통계에 의하면 보통 1명의 고객에게서 평생 7번의 새로운 비즈니스 기회가 있다고 한다. 초보들은 이걸 모른다. 기존 고객에게서 나올 새로운 기회뿐만 아니라 소개의 기회도 몽땅 잃고, 종국에는 그들마저 떠나보내는 잘못을 범하고 있다.

한번은 메릴랜드의 어떤 한인 사업체 그룹에게 프레젠테이션할 기회가 있었다. 발표가 끝나고 질의응답 시간을 가졌는데 십수 년전에 한 번 팔아놓고 연락이 끊겨버려 추가 서비스를 못 받은 데에 대해 아쉽다는 얘기를 많이 들었다. 그날 우리의 발표 후에 여러 건의 상담을 하면서 그들이 갖고 있는 기존의 플랜을 검토해준 일이 있었다. 아울러 많은 감사도 받았다.

기존의 고객들은 처음 거래를 열 때까진 갑으로 있지만, 일단 성사되고 나면 전적으로 우리의 서비스에 의존하게 된다. 조금만 더 서비스를 해줄 수 있으면 감동의 관계로까지 쉽사리 진전될 수 있다. 사람이란 동물은 일단 감동을 받으면 뭐든 해줄 마음이 있음을 알아야 한다.

아마존의 '고객 의자'라는 이야기를 들어본 적이 있을 것이다. 아마존의 CEO 제프 베조스는 회의 때마다 빈 의자를 하나 갖다 놓고 이를 '고객 의자'라고 부른다.

이것은 상당히 시사하는 바가 많다. 오늘날 이 자리가 있는 것은 기존 고객들이 있었기 때문인 것을 기억하고 감사함을 잊지 않았다는 뜻이다. 또 그 의자를 보면서 회의 중에 앞으로도 고객들을 중심으로 일하겠다는 의지를 천명하는 것이다. 그 회의에 참석하는 회사의 중역들에게 항상 그런 마음을 기억하라는 메시지이기도 하다. 회의 중에 어떤 문제가 생기면 고객의 입장에서 먼저 방법을 찾고 그 결과가 고객들에게 어떻게 비칠지를 생각해 다시 검토하는 기회도 될 것이다.

1년에 하루 정도 고객을 초청해 갖는 '감사의 날'도 의미가 깊다. 그들에게 우리가 잊지 않고 감사히 생각하고 있다는 것을 표시하는 것은 피차 감동스러운 일이다.

더 중요한 것은 일주일이나 한 달 중에 날을 정해 돌아가면서 기존 고객들을 돌아보는 것이다. 가장 쉬운 일이다. 분명 더 좋은 인맥들로 연결된다고 믿는다. 감사나 감동은 눈에 안 보이지만 그 효과는 엄청나게 크다는 것을 기억해야 한다. 이들이야말로 나의 가장 중요한 비즈니스 파트너다.

당신의 인생을 바꾸는 영업비밀 노트 한 줄

보통 1명의 고객에게서 평생 7번의 새로운 비즈니스 기회가 있다고 한다. 초보들은 이걸 모른다.

07

멘트만 바꿔도
실적이 오른다

• 매직 멘트를 찾아라 •

필자는 영업 초기에 약속을 만들기 위해 참 많은 노력을 했다. 미국은 약속 없이는 사람 만나는 게 어려운 사회다. 그래서 일일히 연락해 시간 조정을 해야만 했다. 더구나 나같은 경우는 이민 온 지 얼마 되지 않아 아는 사람이 극히 적어 선택의 폭이 너무 좁았다. 그러는 동안에 참 많은 생각을 했다.

어느 날 사무실에 출근했다가 영업하러 차를 몰고 나갔는데, 막상 갈 데가 없어 어느 백인 동네에 차를 세워 놓고 도서관에서 빌린 책을 읽고 있었다.

갑자기 누가 차창을 노크했다. 동네 순찰 중인 경찰이었다. 그는 내게 왜 거기에 차를 세워놓고 있는지를 물었다. 영업 시간 중에 짬이 나 간단히 독서를 하고 있다고 설명했다. 그는 빨리 자리를 떠나라고 요청을 하고 갔다. 동네 주민이 수상한 차가 서 있으니까 신고한 모양이었다.

나를 알리고 사람들 만나는 게 너무 어려워서 분하기도 했다. 그 당시 내가 시도했던 것 중 하나는, 내가 찾아나가는 대신 그들이 나를 찾아오게 만드는 방법에 관한 리서치 페이퍼를 만드는 일이었다. 그리고 영업 중에 구사할 멘트에 대해서도 많은 생각을 했다. 자료가 없어 많은 시행착오를 겪으면서 헤매던 때였다. 그중에서 내가 자주 사용하는 멘트를 하나 이야기할까 한다.

우리와 같은 보험이나 재정 서비스는 회계사들과의 연계가 아주 중요하다. 한국은 잘 모르겠지만 미국의 경우 모든 세금 보고는 그들의 도움이 절대적이다. 그런데 회계사들은 너무 바빠 보험이나 재정 서비스에 별로 관심 없는 경우가 많다. 세금에 관한 일만으로도 일이 넘치기 때문이다. 그런데 나는 그들과 교류가 많다. 그건 하나의 멘트 때문이다. 나는 그들과 만나면 꼭 묻는 질문이 한 가지 있다.

"혹시 회계사님 고객분들 중에 '지금 수입이 너무 많아 세금 낼 일이 걱정인데 무슨 좋은 수가 없을까요?'라고 묻는 분 없나요?"

"왜 없겠어요?"

"그럼 뭐라고 대답해주시나요?"

"별거 없죠, 뭐. IRA나 401K 정도죠."

"만약 정말 많은 절세의 방법이 있으면 어떡하시겠어요?"

"진짜 그런 것이 있으면 좀 알려주세요."

이 짧은 멘트로 정말 많은 회계사와 일하게 됐다. 그들이 우리 일에 개입하면 영업은 정말 커질 수밖에 없다.

지금도 발로 뛰는 것이 영업의 기본이라 생각하는 영업의 세계에서 다르게 해볼 수 있는 점은 무엇이 있을까? 고객의 관심을 끌어내고, 또 그들로 하여금 나의 도움이 절실히 필요하다고 고백하게 만드는 방법은 무엇일까? 영업의 챔피언들은 어떤 영업 멘트를 구사하고 있을까? 그들은 어떻게 클로징을 하고, 고객들로 하여금 손쉽게 사인을 받아내는 것일까?

멘트는 어떤 상황이나 대상에 대해 설명하는 것을 말한다. '말 한마디로 천 냥 빚을 갚는다.'라는 말을 곱씹어보면 멘트의 중요성을 알 수 있다. 따라서 멘트는 사람의 마음을 움직이게 하는 말의 중요성을 일깨우는 표현임을 알 수 있다.

비즈니스에서 멘트는 파느냐, 못 파느냐 하는 결과로 직접 연결되기 때문에 중요하다. 고객 앞에서 긴장하고 위축된 모습을 보이면 아무리 준비를 하고 설명을 해줘도 고객의 마음속이나 머릿속으로 파고 들어갈 수가 없다.

고객은 눈치가 빠르다. 고객은 설득당해서 뭔가를 사게 되는 상황을 못 견뎌한다. 따라서 고객이 일단 방어막을 치면 기껏 준비한 내용들이 고객의 머릿속으로 입력되지 않는다. 하지만 고객이 당신을 자신에게 꼭 필요한 사람이라고 인식하면 당신의 모든 멘트는 고객의 머릿속에 강하게 남는다.

고객의 머릿속에 생생하게 무언가를 각인시킬 수 있어야 한다. 이 경우에 제품은 아니다. 제품의 성능이나 특징 그 자체보다는 고객이 제품을 사용했을 때 얻을 혜택을 감각으로 직접 느끼고 상상할 수 있도록 설명하는 게 중요하다. 느낌을 전달하는 게 중요하다.

이렇게 하기 위해서 영업의 방향키는 언제나 영업자인 내가 쥐고 있어야 한다. 사람들은 똑같은 멘트를 하더라도 자신보다 많이 알고 있다고 생각하는 전문가의 말을 더 신뢰하기 마련이다.

장황한 제품에 대한 설명보다는, 고객이 나를 신뢰하게 되어 자신의 필요를 스스로 말하게 만드는 멘트가 중요하다. 이것은 바로 고객에게 집중할 때에야 가능하다. 고객이 생각하는 문제가 무엇이고, 무엇을 원하는지 스스로 말하도록 유도함으로써 고객이 먼저 마음을 열도록 하고, 그 문제를 해결하는 방법이 나의 조언이라는 것을 깨닫게 하는 것이다. 무엇보다도 고객 자신이 가진 힘든 고통을 깨닫도록 바른 질문을 던지고, 그 해결책을 제시하면 된다.

이런 경우, 흔히 고객들이 갖는 가격의 문제는 아무런 장애 요소가 되지 않는다. 고객은 오히려 큰 해방감과 기쁨을 느끼게 될 것이기 때문이다.

• 고객을 리드하는 멘트를 사용하라 •

고객에게 많은 선택권을 주는 건 좋지 않다. 고객은 그걸 바라는 게 아니다. 이것저것 설명하며 고객을 어렵게 만들지 마라. 단순하고 명쾌하게 고객의 욕구를 해결해주어 시원하다는 기분을 느끼게 해야 한다. 당신이 먼저 제품에 대한 이야기를 꺼내는 것이 아니라 고객이 먼저 당신의 제품에 대해서 묻도록 만들어야 한다. 영업하는 게 아니라 고객의 문제를 해결해주는 것이다.

영업의 과정에서 나올 수 있는 고객의 질문들을 다루는 것은 생각보다 어렵지 않다. 이미 고객의 문제가 확인됐고 또 해결 방안이 나와 있으므로 자연스럽게 고객의 생각을 인정하면서 보조를 맞추며 안심시키면 되는 것이다.

필자가 처음 입사했던 보험사의 경우 정식 사원이 되기 위한 조건으로 내가 먼저 회사 제품의 고객이 되어야 했다. 내가 스스로한테 팔 수 없는 제품을 남한테 권한다는 게 말이 안 된다는 의미였다.

내가 취급하는 제품의 혜택을 속속히 아는 데에는 이 방법만큼 좋은 것이 없다. 나의 이야기를 남에게 하는 것은 셀링이 아니고 스토리텔링이기 때문이다. 제품을 설명하기보다는 내가 누리는 혜택을 이야기하는 게 말하는 사람이나 듣는 사람이나 저항이 훨씬 적기 때문에 쉽게 받아들이게 된다.

오늘도 수많은 영업인이 영업의 전장터를 누비고 있다. 살아남기 위해서, 살아가기 위해서 발로 뛰며 최선을 다한다. 그럴 때마다 조금만 더 참고 열심히 하면 될 거라고 자기 위로를 하지만, 열심히만 해서는 절대로 답이 없다. 진짜 영업은 몸이 아닌 머리로 하는 것이다. 그래서 수많은 사람이 업계에 들어오고, 역시 수많은 사람이 떠나가고 마는 것이다.

오늘날 영업의 챔피언으로 살아남은 사람들은, 어느 날 갑자기 우연히 운 좋게 오늘 이 자리에 오른 것이 아니라 무수한 시간과 노력을 통해 자신만의 가치를 일구어낸 사람들이다. 그 비법은 바로 역지사지, 고객의 입장에서 문제들을 조명해보는 일이다. 그들은 오늘도 고객을 만나기 전 거울 앞에서 고객과 나눌 대화를 준비하고 감정 읽는 능력을 살피고 있을 것이다. 나름의 매직 멘트를 생각해보는 것이다.

당신의 인생을 바꾸는 영업비밀 노트 한 줄

'말 한마디로 천냥 빚을 갚는다.'라는 말을 곱씹어 보면 멘트의 중요성을 알 수 있다. 비즈니스에서의 멘트는 파느냐, 못 파느냐 하는 결과로 직접 연결되기 때문에 중요하다.

08

평범한 제품을
특별하게 만들어라

• 스토리를 개발하라. 그리고 고객의 귀에 넣어줘라 •

필자가 현재 몸 담고 있는 회사의 보험 제품은 지난 18년간 취급했던 회사들의 어느 제품보다도 좋다. 처음 이 회사로 와달라고 요청을 받고 장장 6개월에 걸쳐 직접 검토를 했었다. 그 이유는 이미 내게 잘 만들어진 팀이 있기에 그것을 포기할지 여부도 같이 결정해야 해서 신중해야 했기 때문이다.

제품들을 세세히 비교 분석한 결과, 이 회사의 제품의 품질에 확신이 있었다. 그런데도 선뜻 결정을 못했다. 그 이유는 제품 때문이 아니었다. 교민 사회에는 이미 내가 몸담았던 유명 회사들의 이미지 브랜딩이 잘 되어 있어서 추가로 마케팅을 안 해도 이미 알 사람은 다 알고 있었다. 그런데 이렇게 기껏 살려놓은 기존 회사들의 이미지를 상대로 다시 맞서 싸워야 한다는 심리적 부담이 너무 컸다.

그 이후 7년이 지나면서 이제는 우리 회사의 이미지도 많이 알려졌다. 타사와 비교해도 크게 부족한 것이 없다. 아니, 오히려 월등히 많은 혜택을 고객들에게 줄 수 있다.

요즘 새로 입사하는 에이전트들에게 많은 교육을 하고 있다. 우리가 고객들에게 어떤 독보적인 이익을 줄 수 있는지 이해시키는 것이다. 적은 비용으로 지금까지 볼 수 없었던 혜택도 아울러 줄 수 있음이 셀링 포인트이다. 특히 요즘처럼 평균수명이 길어지는 세상에선 누구라도 반드시 검토해야 할 만큼 중요한 유익이기 때문이다.

교육을 받는 신입 에이전트 중에는 이미 타사에서 어느 정도의 경험을 쌓은 이들도 있기 마련이다. 그런데 이들의 관점은 딱 한 가지뿐이다. 우리 제품이 타 회사보다 얼마나 가격이 저렴한지가 중요하다. 이들은 손님이 우리 제품을 사는 이유는 오직 타사보다 저렴하기 때문이라는 프레임에 걸려 있는 것이다.

이런 에이전트들은 가격 경쟁에서 밀리면 팔다리가 떨려서 입도 못 벌리고 돌아오고 만다. 그러고는 비싼 가격 때문에 세일을 못 한다고 온갖 푸념을 팀

앞에 왕왕 털어놓곤 한다. 이런 직원들은 간이 작아 자기 생각만으로 손님의 필요보다 훨씬 작은 사이즈의 거래를 성사시킨다. 막상 고객들은 싼 것만을 찾는 게 아니라 제 가격을 주더라도 제대로 된 제품의 서비스를 기대한다는 것을 모르고 있다.

필자가 몇 년에 걸쳐 접촉하다가 함께 일하게 된, 그야말로 업계의 톱 에이전트가 한 명 있다. 언젠가 그를 우리 기업 본사로 데려갔다. 나로서는 그런 사이즈의 에이전트에게 우리가 해줄 수 있는 지원의 내용과 질을 보여주고 싶었다.

한 가지 그의 관점을 듣고 싶었다. 제품의 가격이 손님에게 어떤 의미가 있는지 물었다. 그의 대답은 간단했다. 손님에게는 어느 특정 회사의 제품도 가격도 문제가 아니라는 것이다. 고객들은 에이전트가 권하는 건 뭐든지 다 받아들인다. 거기엔 에이전트와 고객 간의 깊은 신뢰가 깔려 있다. 믿고 맡겼는데 임으로 싼 것을 골라준다고 고객이 절대 고마워하지 않는다. 그것보다는 제대로 된 퀄리티의 플래닝을 원한다는 것이다.

여기에 더해 굳이 제품을 특별하게 하는 방법을 하나 들어보라고 한다면, 그것은 스토리다. 에이전트는 반드시 자기가 취급하는 제품의 첫 고객이 되어 그 제품에 대한 자기의 경험을 가져야 한다. 자신도 믿지 못하는 제품을 판다는 것은 신뢰하지도 않는 물건을 남에게 권하는 것과 같다. 그런데 나 자신이 먼저 고객이 될 수 있다는 것은 그 제품이 주는 혜택을 확실히 안다는 뜻이고, 그렇게 되면 제품을 파는 게 아니라 경험을 나누는 것이 된다. 고객은 물건을 사는 건 싫어하지만, 친구가 갖는 혜택은 같이 갖고 싶어 한다.

스토리텔링이 강한 파급력을 갖는 이유는, 이야기가 마치 전염병처럼 급속도로 퍼지기 때문이다. 입소문이 퍼지게 하는 데는 이야기만큼 효과적인 것이 없다. 사람들은 제품의 이름이나 특징, 성능은 기억하지 못해도 제품이 주는 이야기는 쉽게 기억하고 남들에게 빠르게 전할 수 있다. 따라서 나의 경험을 고객에게 이야기하는 것은 고객을 나의 판촉사원으로 이용하는 것과 같다.

자사의 보험에는 '리빙베네핏(Living Benefits)'이라는 혜택이 있다. 미국 내 일반 생명 보험의 경우 고객이 사망했거나 혹은 앞으로 1~2년밖에 살 수 없다는 시한부 판정을 받아야만 보험금을 받아 쓸 수 있다. 그런데 자사의 제품엔 위의 리빙베네핏이 전 제품에 무료로 포함되어 있어 꼭 사망까지 가지 않더라도 지정된 질병의 경중에 따라 보험금을 미리 꺼내 쓸 수 있도록 해놓았다. 뿐만 아니라 치매 등에 걸려도 사용할 수 있다. 그 외에도 여러 병의 종류를 규정해놓아 꼭 사망하지 않아도 고객의 재정 상태가 병으로 악화되는 것을 막을 수 있다.

얼마 전에 고객 한 분이 항암 치료 중에 에이전트의 도움으로 이 혜택을 받고 감사해했다. 이 고객은 가족과 주위의 사람들에게도 이야기를 들려주었고, 덕분에 담당 에이전트는 여러 건의 비즈니스를 통해 그들을 도와줄 수 있었다.

이 고객이 받았던 이 혜택은 그가 아는 모든 사람에게 퍼져나갈 것이다. 그 고객은 보험의 종류도 모르고 있었지만, 이 혜택만큼은 누구에게나 아주 쉽게 설명할 수 있다. 바로 자신의 경험이기 때문이다. 아주 좋은 스토리텔링의 예이다.

• 영업인의 퀄리티보다 중요한 것은 없다 •

한 가지 더 제품을 특별하게 만드는 법을 생각해보려면 그것은 바로 제품을 취급하는 영업사원의 특별한 매력이 아닐까 한다. 어릴 때부터 사람은 자기가 좋아하거나 흠모하는 사람이 갖고 있는 것은 같이 따라 하고 싶어 한다. '저런 사람이 권하는 것이라면 얼마나 괜찮은 것일까.'라고 생각하기 때문이다.

그래서 개개인의 브랜딩을 먼저 하는 것이 마케팅의 전략이 되어야 한다는 주장도 종종 소개된다. 스스로 자신의 이미지를 평가하고 이에 대한 대책을 수립하는 것도 필요하다. 손님을 만날 때 아무 옷이나 걸치고 서류의 준비 상태도 엉망이면, 가져간 제품의 질이 뛰어나도 실적으로 이어지기 어렵다.

내가 아는 어떤 영업사원이 하는 이야기를 들었다. 고객을 만나면 고객이 질려 한다고 한다. 그의 어떤 고집스러운 이미지가 고객을 넌더리나게 한 것이다. 나중에 그 고객은 다른 사람에게 부탁해 다시는 찾아오지 말라고 부탁했다는 말도 들었다.

제품의 질이 영업사원의 질보다 앞설 수 없다. 날마다 거울 앞에서 스스로를 비춰보라. 거기에 답이 있을 것이다. 자신의 모습에서 아무런 소신도, 열정도, 사랑도, 빛도 볼 수 없다면 소개하는 제품이 아무리 뛰어나도 소용이 없다.

보통의 영업사원들은 이것을 혼동한다. 고객 앞에 앉기 전에 적어도 열정이나 사랑 중 하나는 담고 있어야 한다. 그게 아니라면 고객은 그냥 장사꾼을 만나게 될 것이다. 그들은 입에 발린 소리나 하는 장사꾼에게서 물건을 사고 싶어하지 않는다.

적어도 손님이 기대하는 영업사원의 이미지보다 더 나은 모습으로 다가가라. 그게 뭐든 좋다. 나만의 빛나는 생기를 보여주어야 한다. 그러면 내가 소개하는 제품은 그게 무엇이든지 특별해질 것이다.

당신의 인생을 바꾸는 영업비밀 노트 한 줄

적어도 손님이 기대하는 영업사원의 이미지보다 더 나은 모습으로 다가가라. 그게 뭐든 좋다. 나만의 빛나는 생기를 보여주어야 한다.

어떤 조직에서도 결과를 만드는 영업비밀 노트

4 장

당신의 성과와 연봉을 바꾸는
절대 습관

· 01 ·

나만의 브랜드를
만들어라

· 영업보다 나의 브랜드가 먼저다 ·

필자가 보험업에 처음 들어와 겪었던 몹시 서운한 일이 한 가지 있었다. 내가 출석하는 교회의 모든 분이 내가 보험 영업을 하는 걸 알고 있다고 생각했는데, 교인들이 내가 아닌 외부의 다른 에이전트에게서 보험 가입을 하곤 했었다. 평소 나와 관계도 좋아 수시로 인사도 하고 가끔 식사도 나누는데도 이런 일이 벌어졌다. 나중에 왜 그랬냐고 쑥스러운 질문을 던지면 대답은 늘 비슷했다. 내가 그 일을 하는지 몰랐노라고, 왜 진작 안 알려줬냐고 반문하는 것이다. 이미 수차례 얘기를 했는데도 그들은 기억하지 못하고 있었다.

어디에 문제가 있었을까? 그들은 나를 그냥 같은 교회 식구라고만 알고 있었지, 내가 뭘 하는지 관심이 없었다. 아니, 그것보다는 내게 보험 전문가로서의 이미지가 전혀 없었을 것이다. 이 서운한 경험은 결국 '나'라는 브랜드를 다른 사람에게 알리는 기회를 놓친 결과였다.

시장에서 펼쳐지는 경쟁이 점차 치열해지고 있다. 사업을 하는 사람으로서, 남보다 더 뛰어나고 남과 다른 것을 제공해야 고객을 만족시킬 수 있을 것이다. 이는 간단해 보이지만, 실제 사업을 해보면 전혀 쉽지 않다.

이런 경쟁에서 살아 남기 위해 자신이 가진 독특한 장점과 가치를 발굴해 그것을 모든 사람에게 알리는 일이 바로 '퍼스널 브랜딩(Personal Branding)'이다. '나'라는 브랜드를 제대로 정립해야 한다. 개인이 추구하는 가치나 방향, 직업이나 직무, 임무나 역할 등에 어울려야 하는 것이다. 그리고 그것을 표현해야 한다.

회사의 직책이나 타이틀보다는 특정 분야의 전문가라는 인식이 되어야만 한다. 전문성은 한 가지 일을 오래 한다고 생기는 것이 아니다. 그 분야의 문제를 지속적으로 해결하면서 전문가로서의 능력을 갖추는 것이다. 전문성에 관심을 두지 않고 조직이 시키는 일만을 해서는 브랜딩이 되지 않는다. 업무 중에도 내가 어떤 분야의 전문가가 될 것인지, 어떤 일을 남들보다 잘해낼 수 있는지를 반드시 생각해야 한다.

브랜드란 '차별화'를 만들기 위한 전략이다. 즉 '나'라는 브랜드를 구축하는 과정은 바로 '나'라는 상품을 차별화시키는 과정을 말한다. 자신이 하고 싶은 것, 되고 싶은 것, 갖고 싶은 것을 찾아 밝히는 것이 바로 퍼스널 브랜딩의 핵심 과정일 것이다.

이런 과정에서 중요한 툴 한 가지는 '기록'이다. 끊임없이 자신의 브랜드 스토리를 적어가야 한다. 자신만의 콘텐츠를 만드는 것이다. 온라인을 활용해 개인 브랜드를 홍보하는 방법은 많다. 브랜드는 내가 만들고 남이 완성하는 것이기 때문이다.

필자도 타깃 마켓에 나의 이미지를 각인시키기 위해 하루에 한 번은 페이스북에 글을 올린다. 그것을 10년 넘게 하고 있다. 그로 인해 동부의 마켓 영역을 서부 캘리포니아까지 넓혔던 경험을 갖고 있다.

미국의 저명한 경영 컨설턴트 탐 피터스(Tom Peters)의 진단에 의하면 지금 하고 있는 일의 90%는 3년 이내에 전혀 다른 모습으로 변화할 것이라고 한다. 이러한 변화의 시대에 개인이 해야 할 일은 자신의 브랜드를 정립하는 일이고, 또 한편으로는 그 브랜드 가치를 계속 높이는 일이다.

그러나 브랜드가 하루아침에 만들어지는 것은 아니다. 스스로 노력하지 않으면 가치 있는 브랜드는 창출되지 않는다. 이제부터라도 나는 누구이고 어떤 점에서 남과 다른지 깊게 생각해보고, 자신만의 브랜드를 갖추기 위해 노력을 해야 한다. 그러면 자연스럽게 기업의 경쟁력도 높아질 것이다. 스티븐 스필버그, 샤넬, 워렌 버핏 같은 사람들의 공통점은 바로 누구나 그 이름만 들어도 그들이 누구인지 알아차릴 수 있을 만큼 자신의 브랜드를 확립한 사람들이라는 것이다.

'표현하지 않는 감각은 감각이 아니다.'라는 광고 카피가 있었다. 자신의 능력을 제대로 표현해내지 못하면 자신의 브랜드를 만들기 쉽지 않다. 사람들에게 좋은 인상과 강력한 이미지를 주어 자기 브랜드를 키우려면 자신만의 강점을 발굴해야 한다. 이 과정에서 설사 장점보다 단점이 많이 보인다고 해도 실망할 필요가 없다. 얼마든지 단점을 장점으로 발전시켜 성공할 수도 있기 때문이다. 일관적으로 행동하고 말하여 다른 사람들의 눈에 내가 어떤 이미지, 혹은 브랜드로 다가올 수 있도록 유의하는 것이 필요하다.

나의 브랜드를 찾아냈다면 다음으로 나의 이미지를 확립하는 것이 필요하다. 외모는 옷차림, 행동, 몸짓 등을 뜻한다. 사람들이 처음 내 외모를 보고 갖는 인상은 나의 퍼스널 브랜드에 대한 인식과 신뢰도 등에 중요한 요소로 작용하게 된다. 개인의 옷차림은 제품의 포장처럼 간주해야 한다. 따라서 나의 재능과 능력이 최대한 잘 드러나도록 신경을 써야 한다.

• 브랜드 마케팅 방법을 찾아라 •

그 다음으로는 나의 브랜드를 알리는 일이 필요하다. 나를 아는 사람이 많거나 나에 대한 이야기를 들은 사람이 많을수록 좋다. 브랜드의 메시지를 효과적으로 전달할 수 있다면, 능력을 발휘할 긍정적인 기회가 많이 생길 것이다. 브랜드가 눈에 띄고 그것을 인지할 수 있을 때 비로소 고객은 그 브랜드를 받아들이게 되는 것이다.

공식이든 비공식이든 만나는 사람들과의 대화나 비공식 모임을 통해 인맥관리 방편으로 직·간접적으로 홍보한다면 자신의 브랜드 가치를 올릴 수 있다. 그래서 인맥 형성이 필수이다. 영향력 있는 사람과 많은 네트워크를 쌓는 게 좋다. 인맥 형성은 친구, 동료, 가족은 물론, 어떤 만남을 통해서도 이루어질 수 있다.

『ME 2.0 : 나만의 브랜드를 창조하라』를 쓴 댄 쇼벨은 일찍이 블로그와 칼럼 등을 통해 자신의 브랜드를 알린 결과, 20대 후반의 젊은 나이에 세계적인 퍼스널 브랜딩 전문가에 올랐다. 그는 이 책에서 자신만의 차별화된 브랜드를 SNS로 만들어 성공에 이르게 한 노하우를 소개한다.

그는 '퍼스널 브랜딩'이란 사람이 갖고 있는 독특한 매력과 가치를 발굴해 그것을 모든 사람에게 알리는 일이라고 정의하고 있다. 즉 각자의 사람들은 자신이라는 브랜드의 프리 에이전트로서, 자신의 재능과 관심에 맞는 직업을 찾거나 진로를 선택해 어디로든 자유롭게 옮겨 다닐 수 있는 계획을 세울 수 있다는 것이다. 또 한 예로, 취업에 성공하려는 경쟁이 가열될수록 왜 자신이 그 자리에 가장 적합한 사람인지 분명히 밝힐 수 있는 강력한 방법은 퍼스널 브랜드가 유일하다고 강조하고 있다.

그는 '개인적인 성공'의 의미를 정의해보라고 말한다. 사람에 따라 아이를 훌륭하게 키우는 것, 에베레스트에 등반하는 것, TV에 출연하는 것, 혹은 억만장자가 되는 것일 수도 있다. 그는 "나는 적당한 직업을 갖고 봉급을 받으면서 언제든지 직장에 나가고 싶은 마음이 드는 것을 성공이라고 본다."라고 이야기한다. 마지막으로 그의 한마디를 여기 소개한다.

"여러분도 개인의 성공이 무엇을 의미하는지 정의해보자. 이것은 목표를 세우거나 그 목표를 달성할 계획을 실행할 때 큰 도움을 줄 것이다."

당신의 인생을 바꾸는 영업비밀 노트 한 줄

'나'라는 브랜드를 구축하는 과정은 바로 '나'라는 상품을 차별화시키는 과정을 말한다.

어떤 조직에서도 결과를 만드는 영업비밀 노트

의사소통 능력을
높여라

• 듣기의 꼰대가 되지 말라 •

다음은 얼마 전에 필자가 SNS에 올렸던 책의 한 구절을 하나 소개한다. 아마 이 주제와도 잘 맞지 않을까 생각한다.

"나이를 먹을수록 시간이 더 빨리 흐르는 것처럼 느끼는 원인은, 생각이라는 과거로부터 엄청나게 축적되어 온 잡음이 현실의 (중략) 정보를 지워버리기 때문이다." - 코이케 류노스케, 『생각 버리기 연습』

나이가 들수록 남의 이야기를 들으려 하기보다는 나의 말을 우선시하게 된다. 남의 말을 들어야 하는 순간에도 듣기보다는 내 할 말만 생각하는 게 보통이다. 내 과거의 '잘난' 정보가 너무 많은 게 탈이다. '꼰대'가 되지 말라는 말이 떠오른다. 나이도 잘 먹는 게 중요하다는 걸 새삼 느껴본다.

커뮤니케이션의 기본은 상대방의 '고통'을 듣는 것이라는데, 보통은 내용에만 집중하느라 상대의 '감정'을 읽지 못하는 우를 범한다. 생각이 많으니 그것에 빠져 다른 것을 모두 놓치고 있는 것이다. 그 이유는 더 좋게 평가받고 싶어 걱정하며 조바심내거나, 프라이드에 집착하는 탐욕이라고 류노스케는 지적한다.

"상대방이 하는 불평이나 비판을 들을 때에도 상대의 감정이나 고통을 이해했다면 그 비난에 상처받을 일이 없을 수도 있었겠다. 그랬다면 이미 많은 문제들이 걸러졌을지도 모를 일이다. 아마도 그랬을 것이다."

이 글은 신입 직원 한 명을 채용하기 위해 런치를 겸한 미팅을 마치고 느낀 감정을 페이스북에 적어본 것이다. 혹시 내가 한 말이 그냥 앞서간 세대의 잔소리처럼 들리지는 않았을까 되짚어보기도 했다. 이제 내가 만나야 하는 사람들은 이미 다른 세대의 사람들이 대부분이기 때문에 많은 신경이 쓰인다.

요즘 『90년생이 온다』라는 책에 관심이 확 끌렸다. 내용을 볼 것도 없이 제목만 가지고도 무엇을 말하려는지 알 것 같았다.

사실 얼마 전에 이미 90년생을 만나 인터뷰를 한 번 했다. 더욱이 상대는 미국에서 태어났기 때문에 전혀 다른 문화까지 개입되어 있는 상황이었다. 미팅 후 서로 사후의 문제를 논의하면서 의사 전달 방법의 차이를 확연히 느껴, 몇 번씩 진의를 확인하면서 진행했던 적이 있다. 세상을 이해하는 방법이 확연히 다름을 인정하지 않을 수 없다.

문화 이야기가 나와서 하는 말이지만, 미국에서 보험업에 종사하면서 전에 근무하던 회사의 매니저 세션에 참석한 적이 종종 있었다. 아시안은 나 혼자인 경우가 많았다.

주로 어떤 주제에 대한 토론이 끝나면 이에 대한 발표를 돌아가며 했다. 미국인들의 발표는 그 내용이 참으로 현란했다. 그런데 그런 내용을 모두 취합하여 다음의 액션 항목으로 정리하곤 했다. 나로서는 참 이해하기 어려웠다. 대개 보면 실적이 안 좋은 매니저의 말이 더 현란하곤 했다. 게다가 그런 친구들이 승진도 잘하는 걸 보기도 했다.

이렇게 말을 잘하는 사람들이 인정을 많이 받았다. 내겐 이런 것이 바로 미국의 문화라고 느껴졌다. 따라서 이들의 소통법을 이해하는 게 쉽지 않았다. 아마 나의 보스들도 나와 소통하는 게 쉽지 않았겠다는 생각이 자주 들었다. 문화를 넘어서 나의 소통법을 이해하는 데 시간이 제법 걸렸다. 예전보다 많이 나아지기는 했어도 여전히 시행착오를 겪고 있다.

흔히 소통에 대해서 이렇게들 이야기하곤 한다. 내가 아무리 알아듣게 설명을 하더라도 상대가 이해하지 못하면 아직 소통이 제대로 된 것이 아니다. 말을 하고 나면 보통은 상대도 나와 같은 생각을 갖게 되었을 거라고 기대하게 되는데, 결과를 보면 그것과 판이하게 다른 경우를 종종 볼 수 있다.

나도 사람들을 관리하는 입장이어서 많은 이야기를 나누지만, 같은 말에 대해 이해가 판이하게 다른 걸 보면 정말 놀랍지 않을 수 없다. 하루에 수십 개의 문자나 이메일을 주고받으면서 거기에 어떤 감정이 담겨 있는지까지 파악하기가 쉽지 않기 때문이다. 그래서 오해가 왕왕 생기곤 한다.

일하면서 특히 여성들과의 소통이 신경쓰였다. 이 문제를 좀 더 이해하고 싶어 자료를 찾아보다가 어떤 부부의 이야기를 통해 감을 잡을 수 있었다. 간단히 말해 여자들은 해결책을 듣기보다는 문제 자체에 대해 이야기하기를 원한다는 것이다. 어떤 경우에는 이야기를 하는 것만으로도 해결이 될 수 있었다. 이에 반해 남자는 주로 해결책을 찾으려는 경향이 있다. 이런 해결책을 제시하는 것은 아내가 도움이 필요할 때 자신에게 의지해도 된다는 것을 알려주려는 것이다. 그런데 남편들은 아내가 해결책을 받아들이려고 하지 않으면 당황한다.

이에 대해 존 M. 고트맨의 『행복한 부부 이혼하는 부부』라는 책에서는 배우자의 주장에 대해 답을 내놓는 것은 위험한 일이라고 말한다. 가끔은 오히려 해결책이 역효과를 낳을 때도 있다면서, 오직 이해하는 태도를 강조한다.

• 현장의 고객층을 충분히 알아라 •

영업 현장에서 만나는 고객들은 나이 지긋한 분들이 많다. 오래 전에 이민을 와서 평생 어디 여행 한 번 제대로 못 하고 지금 하고 있는 일들을 계속하는 분들이 대부분이다. 그들의 가장 큰 보상은 그 고생을 하면서 잘 키워놓은 아들딸의 모습을 보는 것이다. 그 외로운 시간 동안 부부는 그렇게 사업장에서 독백처럼 자기들끼리 이야기를 하면서 일들을 해오고 있었다. 어느덧 나이는 50대를 넘고 60대로 접어들었다.

이런 고객과의 소통은 어떻게 하는 게 좋을까? 그들은 한 번 이야기를 시작하면 멈출 줄을 모른다. 장담하건대 이런 경우에는 소통보다는 잘 듣고 감정만 이해해줘도 비즈니스의 성공을 자신할 수 있다. 뿐만 아니라 많은 고객을 소개받는 걸 기대해도 좋다. 내가 가지고 간 제품이 뭐든 상관없다. 그들은 알아서 스스로 골라 살 것이다.

미국의 화이자 제약회사의 전 회장 제프 킨들러는 매일 아침 1센트짜리 동전 10개를 바지 주머니에 넣고 출근했다고 한다. 그리고 직원을 만나 그들의 이야기를 듣고 충분히 공감해주었다고 판단되면 동전 한 개를 반대쪽 주머니로 옮겼다고 한다.

이렇게 고객의 감정만 이해해도 비즈니스는 충분히 성공한다. 고객은 자신의 이야기에 공감해줄 사람을 찾고 있다. 그래서 영업의 달인은 듣는 일에 그야말로 목숨을 거는지도 모른다. 거기에서 고객의 진정한 고민을 이해하게 되고, 또 거기에서 진심으로 그들을 돕고 싶은 마음이 나오기 때문이다. 그들을 돕는 것은 꼭 내가 영업하는 제품이 아닐 수도 있지만, 결국 그것은 나의 비즈니스로 연결될 수밖에 없다. 그래서 젊은 세대의 영업인들은 자기 고객층의 대화법을 이해하는 게 필요하다. 만약 그게 아니라면, 타깃 마켓 바꾸는 것을 심각하게 고려해야 한다.

당신의 인생을 바꾸는 영업비밀 노트 한 줄

우리의 고객은 자신들의 이야기에 공감해줄 사람을 찾고 있다. 그래서 영업의 달인은 듣는 일에 그야말로 목숨을 거는지도 모른다.

나만의
필살기를 가져라

• 강점만으로도 충분하다 •

필자는 대학을 졸업하고 관련 업체에서 15년을 근무했다. 그 후 한국을 떠나 뉴질랜드와 호주를 거쳐 2002년 초 미국 워싱턴 근교의 북버지니아에 이민자로 땅을 밟았다. 나이는 이미 40대 후반이었다. 태평양을 건너면서 이전에 내가 가졌던 모든 경험과 경력을 던져버렸다. 그야말로 모든 백그라운드를 뒤로하고 새롭게 경력을 만들어야 했다.

살아남아야 한다는 절박함으로 생존을 위해 시작한 보험업은 완전히 새로운 미지의 땅이었다. 그렇지만 지난 18년간 잘 살아남았다. 그 사이에 크고 작은 시행착오를 겪으면서 해왔던 보험 매니지먼트 일은 나의 또 다른 커리어가 되었고, 이제는 나의 일이자 취미가 되었다. 처음 올 때 어린아이였던 자녀들은 이제 모두 결혼해 우리 곁을 떠나 행복한 가정을 꾸리고 있다.

앞서 이야기한 대로 이 업계에 들어온 후 매니저로 승진하면서 내 일의 과제는 바뀌었다. 제품 영업이 아니라 팀을 만들고 키워 성과를 내야 하는 위치였다.

나는 일천한 나의 현장 경력을 가지고 어떻게 실적을 내야 하는지 참 많이 생각을 해야 했다. 그래서 한동안 나의 강점과 약점에 대해 면밀히 돌아보는 시간을 나 홀로 가졌다.

이 업종의 성격을 좀 더 알기 위해 가능한 많은 책들을 구해 읽으면서 필요하다고 생각하는 것을 적었다. 나는 항상 어떤 문제에 부딪히면 책부터 뒤지는 습관이 있다. 물론 회사에서 업무에 관련한 교육과 훈련을 시켜주었지만 그때는 영어도 시원찮았고, 무엇보다 이공계 출신의 내 머리로는 알아듣기 어려웠다. 교육받는다고 다 머리에 남는 것은 아니었다.

결론부터 말하면, 그때 분석했던 내 장점은 지금 나의 필살기가 되어 있다고 말할 수 있다. 그 사이에 회사를 몇 번 옮겼지만 그때마다 잘 정착하는 기틀이 되어주었다. 이제는 어디서 시작을 해도 별 부담없이 해낼 자신감도 붙었다.

사람마다 누구든지 장점이 있다. 그런데 대부분의 사람은 자신의 강점을 활용할 생각을 하지 않고 약점만 한숨 쉬며 바라보는 경향이 있다. 약점이 있다면 보완책을 찾으면 될 뿐이다. 얼마든지 리소스들을 찾을 수가 있다.

뒤에서 말하기 좋아하는 사람들은 나의 약점을 두고 비웃지만, 그런 것에 귀 기울일 필요가 없다. 늘 보면 남의 말을 하기 좋아하는 사람들은 멘탈이 약한 사람들이다. 가능하면 이런 사람들을 인식하지 않는 게 좋다.

• 나의 약점을 보완할 파트너를 찾아라 •

난 내가 하기 싫어하는 일은 하지 않는다. 그런 건 아무리 해도 성과가 별로 좋지 않다. 그런데 또 누군가는 내가 싫어하는 일을 세상 무엇보다 좋아하는 사람도 있다. 그런 사람은 내가 좋아하는 일을 하기 싫어할 수도 있다.

같은 직업군에서는 모두 공통된 일을 해야 하기 때문에 이런 경우 얼마든지 서로 보완해줄 파트너들을 찾을 가능성이 많다. 이렇게 팀이 되면 환상의 콤비를 이룰 수 있다.

전에 일하던 미국 에이전시에 두 명의 톱 프로듀서가 있었다. 호남형의 A는 사람 만나는 게 특기였다. 그의 SNS를 보면 늘 고객들과 요트를 타면서 신나게 즐기는 모습을 볼 수 있다. 그런데 그는 책상에 앉아서 숫자를 꼼꼼이 분석하고 플랜 디자인하는 것을 별로 재미없어했다.

한편 B는 숫자에 아주 밝았다. 또 관련 일을 하는 것을 무척 좋아했다. 가끔 볼 때마다 그는 자신이 분석한 자료를 설명해주는데, 그는 그것을 진심으로 즐거워했다. 누가 그에 대해 질문하면 밥까지 사주면서 설명했다.

월요일 아침이면 A는 한 주간 만난 고객의 자료를 B의 사무실로 가 던져주고 휭 나가버렸다. 그럼에도 이 둘은 그 에이전시에서 진짜 잘하는 빅 프로듀서로 아주 환상적인 팀을 이루고 있었다.

만약에 A가 그 건을 혼자 다 하려고 숫자를 만졌더라면, 그는 진작에 업계를 떠나야 했을지도 모르겠다. 또 B가 혼자 일하고 싶어했다면 A가 만나던 큰 고객들을 찾아 비즈니스를 가져올 수 있었을까? 어느 경우도 불가능하다. 이런 콤비네이션을 만들 수만 있다면 진짜 재미있게 일할 수 있지 않을까?

난 우리 팀의 신입 에이전트들이 들어오면 처음부터 이런 조인트 플레이를 강조한다. 고객들과 약속을 잘 잡는 사람이 있는가 하면, 또 누구는 고객을 만나 마음에 쏙 들게 플랜을 진행하기도 한다.

팀으로 진행하면 성공의 기회가 당연히 높을 수밖에 없다. 성과는 나중에 서로 공평하게 나누면 되는 일이다. 그러면 별로 힘들 게 없다. 각자 자기가 좋아하는 일만 하면 되는 것이다. 힘든 일이지만 이렇게 하면 오랫동안 즐길 수가 있다.

그런데 이 플레이에 중요한 한 가지가 있다. 그것은 서로가 정말 잘 해내는 필살기를 인정해야 하는 것이다. 무엇보다 성실해야 하고 서로 신뢰해야 가능한 일이다. 서로 시간을 많이 보내며 함께 계획을 짤 수 있는 관계가 되어야 한다. 그러면 얼마든지 영역을 넓혀 나갈 수 있을 것이다.

필자는 최근에 또 하나의 필살기를 개발하고 있다. 그것은 바로 책 쓰기이다. 한국에 살고 있는 내 또래의 친구들은 벌써부터 은퇴를 하고 여행 등으로 시간을 보내고 있다. 굉장히 재능도 많고 여러 요직에서 중요한 경험들을 쌓은 친구들인데, 그렇게 시간을 보내는 게 별로 보기가 좋지는 않다. 하지만 요즘 한국의 취업 사정상 어쩔 수 없는 것도 인정하지 않을 수 없는 형편이기도 하다.

미국의 60대는 스스로 청장년으로 부르며 아직 일할 시간이 많이 남았다고 생각한다. 따라서 한창 활발하게 일하고 있다. 벌써부터 누군가의 돌봄을 받으며 살기에는 너무 이른 것이다.

한동안 나의 남은 시간을 생각하며 무엇을 달리 해볼 수 있을지 생각했다. 지난 18년간의 생존의 툴이 보험업이었다면, 이제부터는 진짜 나의 인생의 필살기 하나를 만들고 싶었던 것이다.

나의 버킷리스트에는 책 쓰기가 크게 적혀 있었다. 아마도 내 또래의 사람이라면 누구나 그런 바람 하나쯤은 갖고 있지 않을까. 그래서 관련 서적이나 유튜브를 보다가 알게 된 '한국책쓰기1인창업코칭협회(이하 '한책협')를 만나 입문의 길이 열렸다. '한책협' 김태광 대표의 책 쓰기 코칭은 타의 추종을 불허한다. 나의 책 쓰는 기술을 효율적인 방법으로 열어주었다. 그로 인해 내가 진정 좋아하고 잘할 수 있는 것을 한 가지 발견했다.

막상 책을 써보니 의외로 편안함이 느껴졌다. 지금까지의 내 일은 끊임없이 사람들과의 관계를 맺는 것이었다. 그러면서 아침 일찍 또는 저녁 시간 홀로 글을 쓰는 일은 나와의 대화가 되었다. '내가 그동안 이렇게 살아왔구나. 이런 생각이 그동안 나의 가슴에 계속 머물러 있었구나. 왜 그때 이렇게 하지 못했을까? 왜 그렇게밖에 행동하지 못했을까?' 등을 다시 돌아볼 수 있었다.

책을 쓰는 일은 나의 필살기가 되었다. 생각을 내려놓고 나를 객관화시켜 보는 명상의 방법처럼 느껴졌다. 이렇게 해서 얻는 성찰이 아직까지 내려놓지 못하는 일에도 긍정적인 영향을 미칠 거라 확신한다.

자신만의 필살기를 파악하기 위해서는 반드시 자기와 대화할 시간을 갖기 바란다. 꼭 SWOT (Strengths, Weaknesses, Opportunities, and Threats Analysis) 같은 전문적인 기법을 사용하지 않아도 된다. 그냥 백지 한 장 펴놓고 제목을 붙여보라. 내가 잘하고 잘할 수 있는 것, 내가 좋아하는 것, 내가 하기 싫은 것, 앞으로 하고 싶은 것, 내게 도움이 필요한 것 등, 그냥 마음을 비우고 스스로를 응시하면서 생각나는 대로 쓰다 보면 내 안의 또 다른 내가 마음을 열고 길을 보여줄 것이다.

당신의 인생을 바꾸는 영업비밀 노트 한 줄

그냥 마음을 비우고 스스로를 응시하면서 생각나는 대로 쓰다 보면 내 안의 또 다른 내가 마음을 열고 길을 보여줄 것이다.

누군가의
멘토가 되어라

• 좋은 멘토를 만나는 복을 갖다 •

학교를 졸업하고 들어간 첫 직장은 '태평양화학'이었다. 당시 화장품만을 제조하고 판매하던 우리 회사는 가정용품 사업으로 뛰어들었다. 그 일로 난 대전에 새롭게 신설되는 공장의 화장비누 제조 부서에 배치되었다.

대학에서 전공을 공부하긴 했어도 이러한 실무는 접해볼 기회가 전혀 없어서 모든 것이 낯설었다. 게다가 그때 우리 부서는 조직만 되어 있었지, 아무 것도 진행되고 있지 않았다. 우리 부서는 수원의 작은 플랜트 하나를 이곳으로 확대 이전하는 프로젝트를 진행하고 있었다. 난 이전 일정보다 1년 정도 미리 입사를 해서 그동안 필요한 연수를 받았다.

이 당시 나는 정말 운이 좋았다. 타 부서장 한 분이 나를 멘티처럼 받아준 것이다. 나를 자기 부서의 엔지니어로 받아서 우리 부서의 진용이 갖춰질 때까지 멘토처럼 코치해주었다. 그도 우리 회사의 증편에 따라 타 회사에서 영입된 분이었는데, 진짜 많은 경험을 갖고 있었다.

그는 새내기였던 나에게 1년 동안 많은 프로젝트를 통해 경험을 쌓는 기회를 만들어주었다. 정말 많은 리포트를 쓴 기억이 난다. 내 리포트는 나중에 공정표준서처럼 쓰이기도 했다.

당시의 나는 직장에서 싫은 소리를 듣지 않을 요량으로 열심을 다했는데 그런 자세가 그의 마음에 들었던 것 같았다. 늘 따뜻한 웃음과 격려로 모든 일의 진행 방법을 코치해주었다. 그 덕분에 1년 동안 우리 부서의 기술적 자료를 미리 다 훑어볼 수 있었다.

입사한 지 8개월쯤 지났을 무렵, 그 부장님이 나를 방으로 불렀다. 그리고 자기가 보던 일본어 교재 한 권을 내게 던져주었다. 그러고는 나중에 자기한테는 일본어로 업무 보고를 하라고 지시했다. 그러고는 한 달의 공부시간을 주었다. 그야말로 엄명이었다. 일본어를 딱히 좋아하지 않던 나였지만, 정말 어쩔 수 없이 공부를 했다. 그로부터 3개월 후, 그는 특별히 자리를 만들어 나와 일본의 '시세이도'에 함께 가서 기술 연수를 받게 해주었다.

나중에 내가 '듀폰'으로 자리를 옮길 때 그는 많이 아쉬워 했다. 그래도 그는 내가 거기서 더욱 크게 성장하는 게 맞다고 기꺼이 보내주었다. 내 인생의 가장 좋은 멘토였다.

또 하나의 멘토라면 '듀폰' 시절 플랜트의 오퍼레이션스 매니저였던 빌이 있다. 한국 회사의 수직적 사고에 너무나 익숙해져 있던 내게 수평적 사고를 열어준 분이다. 사실 내게 미국식 조직은 많이 헷갈렸다. 그런 내게 조직을 어떤 식으로 운용하는 게 생산성을 올릴 수 있는지에 대해 많은 코칭을 해주었다.

당시엔 서로 많은 의견을 개진하면서 따지기도 했지만, 역시 많은 부분 그의 지도를 인정하지 않을 수 없었다. 나중에 미국에 와서 살면서 일해보니 얼마나 미국 직장의 생산성이 높은지 눈으로 확인할 수 있었다. 그런 모습을 이미 그를 통해 본 것이다.

직장에선 그렇게 열렬히 토론하면서 일하는 한편, 개인적으로도 따뜻하게 많은 보살핌을 받았다. 어느 해인가 나의 미국 출장 기간이 추수감사절과 겹치던 때가 있었다. 타 주에서 썰렁하게 혼자 명절을 보내야 했던 내게 마침 휴가차 집에 와 있던 그가 연락을 해왔다. 그리고는 추수감사절 기간을 같이 보내자고 웨스트 버지니아에 있는 그의 별장으로 초대를 해주었다.

이때 재미있었던 일이 있다. 중간에 비행기를 갈아타게 되었는데, 그 조그마한 비행기의 승무원은 6명이었다. 그날 승객은 나와 흑인 남자, 단 두 사람

뿐이었다. 그래서 아주 특별한 대우를 받으며 비행기를 탔던 것이 좋은 추억으로 남아 있다.

그의 별장엔 그의 사돈들도 함께 모여 거의 20명이 넘는 대가족이 와 있었다. 그리고 정말 잊지 못할 미국 추수감사절의 풍경을 보게 해주었다. 그는 내게 업무적으로나 개인적으로나 새로운 문화에 잘 적응하도록 도움을 준 진정한 멘토였다.

• 멘토링 : 성장의 필수 요소 •

멘토가 필요한 이유는 분명하다. 멘토의 경험과 지혜는 확실하게 시행착오를 줄이도록 돕는다. 그리고 사람과 사람 사이에서 서로 성장을 돕는다. 따라서 누구라도 성장을 생각한다면 반드시 멘토링받는 것을 고려해야 한다.

또 멘토가 되는 것은 멘티에게 자신의 경험과 거기서 얻은 통찰을 공유할 뿐 아니라, 멘토 자신의 역량을 훌쩍 키우는 역할을 하게 된다. 대부분의 좋은 멘토들은 자신도 멘토를 가진 경험이 있다. 멘토링받은 경험이 있기에 무엇이 도움이 되는지, 어떻게 효과적으로 자신이 습득한 경험을 전달할 수 있는지 안다.

멘토는 멘티가 스스로 답을 찾을 수 있도록 안내하는 역할을 한다. 그들과 멘토링 프로세스를 함께하며 자신의 생각을 스스로 검토할 여지를 주는 것이다.

여기서 한 가지 짚고 넘어갈 것은, 사람이 서로 만나 서로 배움과 성장을 함께 하는 것은 깊은 신뢰가 있을 때만 가능하다는 사실이다. 또 서로의 이런 저런 차이를 넘어서 존중하는 관계가 아니라면 그냥 지식의 전수로 그치게 된다. 따라서 멘토링은 신뢰와 존중을 기초로 한다. 서로의 믿음이 없다면 진정한 배움과 성장은 어려울 거라 생각한다.

나의 미국 보험업에서는 제대로 된 멘토를 만나지 못했다. 만약 제대로 된 멘토를 만났다면 아마 지금 상황도 훨씬 좋아졌을거라 생각한다. 멘토가 없어 혼자 수많은 시행착오를 겪어야 했음은 물론이다.

내가 처음 멘토로 기대했던 사람은 아주 능력이 많은 분이었는데 나를 경쟁자로 인식하고 있었다. 나의 성장이 분명 그의 성장이었는데도 그는 나의 존재를 많이 힘들어 했다.

또 나의 멘티라고 기대한 사람은 내가 자기를 불공평하게 대한다고 생각했다. 신뢰가 쌓이질 못했다. 그리고 모두 떠나갔다. 그렇지만 어쨌든 이런 경우는 분명 멘토의 문제다. 제대로 소통을 못 한 책임은 전적으로 멘토의 몫인 것이다.

멘토가 필요없는 사람이 과연 있을까? 내 생각엔 없다. 모든 사람은 다른 사람에게서 영향을 받기 마련이다. 모든 사람은 서로 다른 사람에게 영향을 미칠 수밖에 없다. 그게 바로 사람이 살아가는 방식이기 때문이다.

우리가 남에게 나눠줄 수 있는 선한 영향력이 어떤 것인지 반드시 생각을 해봐야 한다. 그것은 지식도 될 수 있지만 오늘날같이 다양화된 세상에서는 우리가 가진 그 어떤 것도 다 쓸 데가 있다. 나의 실패도 누군가에게는 훌륭하게 인생을 바꿀 수 있는 전기가 될 수 있음을 알아야 한다.

"모든 성공한 사람의 배경에는 한 가지 기본적인 진실이 있다. 어디선가 어떤 방식으로든 누군가가 그들의 성장과 발전을 돌봐주었다. 그런 사람이 바로 멘토이다" - 비벌리 케이('커리어시스템인터내셔널'의 공동 CEO)

요즈음에 내가 가장 감사히 여기는 멘토는 '한책협'의 김태광 대표 코치이다. 그는 나의 다음 목표의 하나인 책 쓰기를 가장 효과적으로 가르쳐준 분이다. 젊은 날 갖은 고난 중에서 쌓았던 모든 경험을 오늘날 나에게도 흘려보내준 것이다. 이로 인해 나의 남은 삶은 더욱 풍요로워질 것이라 믿는다.

당신의 인생을 바꾸는 영업비밀 노트 한 줄

나의 실패도 그것이 누군가에게는 훌륭하게 인생을 바꿀 수 있는 전기가 될 수 있음을 알아야 한다.

어떤 조직에서도 결과를 만드는 영업비밀 노트

중요한 것을
먼저 하라

· 우선순위 파악의 기술 ·

한국에서 다니던 미국계 회사인 '듀폰'에서는 참 많은 걸 배웠다. 그 중 하나는 일의 중요도를 스스로 결정해 진행하는 습관이다. 어떻게 보면 이것은 스스로 살아남기 위해 터득한 방법이기도 했다.

'듀폰'에 오기 전에 다녔던 회사의 모습은 전형적인 한국 회사였다. 더구나 공장의 생산 관리를 하던 자리였으므로 일단 공정이 안정되고 나면 하루의 일과가 일정했다. 가끔 공정에 이상이 생기기도 하지만, 전체적으로 보면 그

횟수가 아주 드물었다. 공정 관리가 잘 되고 있으면 하루의 진행이 별 문제가 별로 없었다. 직급이 올라갈수록 아래에서 알아서 다 일을 처리해버리므로 위에선 보고받는 것 외에 크게 일이 별로 없다.

이에 반해 미국계 회사의 조직은 특이했다. 공정의 책임자는 현장 관리도 당연히 해야 하지만, 매니저도 별도로 자신만의 일이 있어 누구에게 넘기지 못하고 본인이 모두 직접 처리해야 했다. 이 모든 일을 하려면 대부분 아침 일찍부터 저녁 늦게까지 일하기 일쑤였다.

누가 심하게 감독하진 않으니 편하기는 했지만, 내가 맡은 일에 이상이 생기면 전체 팀에 큰 지장을 초래하게 되므로 신경이 많이 쓰이곤 했다. 그래서 당시엔 큼지막한 플래너에 처리해야 할 일을 들어오는 대로 꼼꼼히 적어놓고 순번대로 하나씩 지워가면서 처리를 했다.

문제는 각 일들의 처리 소요시간이 다른 점이었다. 어떤 것은 바로 이메일 하나 보내 처리를 할 수 있었지만, 어떤 것은 주, 월 단위로 모니터해야 하는 프로젝트이기도 했다. 그러다 보니 우선 쉽게 처리할 수 있는 것들에 집중이 쏠리곤 했다. 그 뒤 시간적 여유가 확보되면 시간이 조금 더 걸리는 일에 눈을 돌렸다.

당시엔 일의 경중을 구분할 여유가 없을 만큼 일에 쫓겼다. 그래서 항상 남은 일들을 보면 머리가 너무 아팠다. 또 늘 시간에 쫓겼다. 프로젝트 일들은 혼자 간단히 한다고 되는 일들이 아니었다. 관계 부서와의 협의 절차도 거쳐

야 했고, 수시로 프레젠테이션도 준비해야 해서 시간이 만만치 않게 소모되었다.

한동안 정신없이 보내다가 하루는 계속 이런 식으로 할 수는 없다고 생각했다. 그래서 주말 동안 그동안의 전체 일 목록을 가져다가 분석을 시작했다. 일을 많이 한 것 같은데 막상 보면 진행이나 결과가 미진한 것도 많았다. 조금씩 문제점의 윤곽이 드러났다.

일단, 절대 시간을 늦추면 안 되는 일과 가장 미뤄도 되는 일, 그리고 내가 직접 하지 않고 같은 기능을 맡고 있는 직원에게 위임해도 되는 일 등으로 나눴다. 그리고 한번에 완벽하게 하려고 하기보다는 조금씩 시도하면서 변화를 주기로 했다.

이런 식으로 두어 달 하다 보니까 시간 여유가 조금씩 나기 시작했다. 대략 30%의 시간을 절약할 수 있었던 것 같았다. 그리고 직원들에게 일들을 위임함으로써 그들에게 비중 있는 일을 한다는 성취감도 줄 수 있었다. 상대적으로 시간이 남아 돌던 인력들을 효과적으로 쓰게 된 것이다.

그래서 일단 어떤 일이 들어오면 컬러 마크로 표시해 분류하고 각각 폴더에 넣었다가, 중요한 것들이 항상 먼저 처리되도록 교통정리를 하는 업무 우선순위 처리 시스템을 독자적으로 만들었다. 이는 시간을 얼마든지 만들 수 있다는 좋은 경험이 되었다.

전에 보험일을 시작하겠다고 결정하던 날, 식구들을 식탁에 불러 모았다. 그리고 "아빠는 앞으로 이 일 외엔 안 할 거야. 절대로 포기 안 할 거니까 나를 위해서 많이 기도해주렴."이라고 당부를 했다. 사실 이것은 나 스스로에게 배수진을 친 선언이었다. 아이들하고 한 약속을 지키겠다고 얼마나 다짐을 했는지 모른다.

보험 영업은 사람을 만나야 하는 일이다. 그런데 막상 아침에 출근을 해도 갈 곳이 없었다. 아는 사람에게 몽땅 전화를 걸어도 30분이 채 안 걸릴 것 같았다. 초기에 일을 시작할 때만 해도 갓 이민을 온 때라 아는 사람이 거의 없었다. 정말 갈 데가 없었다. 아침에 누구보다 일찍 사무실에 도착하지만, 플래너를 펴놓고 보면 약속 없는 날이 허다했다.

그래서 한 타협안이 '아직 배울 게 많으니까 공부를 좀 더 하라는 뜻이야.' 였다. 모르는 건 정말 많았다. 그리고 시간도 엄청 많았다. 그러나 이런 식으로 하루를 보내고 집에 돌아가면 기운이 하나도 없었다. 일은 했는데 아무런 실적이 없었다. 이 일은 공부만 한다고 누가 돈을 주지 않기 때문이다.

당시 우리 사무실에는 훈련 시스템이 거의 없었다. 모두 혼자 알아서 해야 했다. 매니저가 한 사람 있기는 했는데 출근을 거의 안 해서 도움을 받을 수 없었다.

어디서 본 자료 중 하나에 '프로젝트 200'이라는 게 있었다. 이것은 보험 에 이전트들이 기입하는 잠재 고객의 리스트였다. 보통의 보험회사는 입사 시에 100~200명의 사람의 이름과 그들에 대한 정보를 채워서 제출하게 하고 있었다. 입사하면 그걸로 손님을 접촉하라는 사전 준비인 셈이다.

나도 입사 시에 이름을 채워서 제출은 했지만 아무런 의미가 없었다. 아는 사람이 없어 전화번호부를 베껴서 제출했기 때문이다. 웃기는 이야기지만, 일을 하고 싶었는데 정말 아는 사람이 없었다.

어느 날 아침 그 리스트를 펼쳐 들었다. 그리고 노트북에 엑셀 시트를 하나 만들었다. 이름, 연락처, 전화번호, 이메일, 직업, 수입, 식구수, 가능한 케이스 숫자, 예상액, 목표 숫자 등 내 마음대로 컬럼을 만들고, 맨 앞에 클로징 예상 일자와 중요 순위를 기입하는 칸도 만들었다. 중요 순위 칸은 가장 빠르게 클로징할 만한 사람에 1, 그 다음으로 빠른 클로징이 예상되는 사람에 2, 3~4개월 정도 시간이 걸릴 것으로 예상되면 3, 그 외는 4, 아주 가망이 없을 것 같은 사람은 5로, 각각 다른 색으로 표시해 매일 그룹별로 분류를 했다.

그리고 사람 이름을 아는 대로 다 엑셀 시트에 긁어 넣었다. 다 넣었다고 해봐야 30개도 안 되는 이름이었다. 그다음으로는 그동안 모았던 명함철을 꺼내 다 적어넣었다. 잘 모르는 건 아는 대로 적었다. 그리고 작정한 것이 있다. 영업에 관해 읽었던 책에 나오던 내용에 언급된 것, '하루에 2개의 약속 만들기'를 하기로 했다.

아침에 출근하면 우선 해야 할 일들을 처리하고 나서 한 시간 동안은 약속을 잡았다. 당장 이번 주가 아니더라도, 그냥 커피 약속만이라도 종류를 가리지 않고 2개를 잡아서 플래너에 적어넣었다. 그 약속이 설사 3개월 후에 만날 약속이라도 상관없다. 매일 그렇게 하면 가까운 시일 내에 플래너가 넘쳐 바빠질 것이라고 상상했다.

위의 엑셀 시트에 적은 사람들로부터는 6개월 이내의 클로징을 목표로 했는데, 예상보다 빠르게 3개월만에 끝낼 수 있었다. 자나 깨나 그 이름들을 보며 생각했던 것들이 배 이상 빨리 진행된 것이다.

'하루에 2개의 약속 만들기'는 상황이 바뀌어 계속 진행하지는 못했다, 참으로 쉽지는 않았지만 그 이유로 중단한 게 아니고, 그 사이에 매니저로 승진하는 바람에 다른 업무가 생겼기 때문이었다. 그렇지만 그 엑셀 시스템은 지금도 꾸준히 사용하고 있다.

어떤 조직에서도 결과를 만드는 영업비밀 노트

당신의 인생을 바꾸는 영업비밀 노트 한 줄

나는 일의 중요도를 스스로 결정해 진행하는 습관을 갖게 되었다. 어떻게 보면 이것은 스스로 살아남기 위해 터득한 방법이기도 했다.

06

팀워크의
마스터가 되어라

• 팀원의 강점을 찾아주라 •

필자는 앞서 소개한 대로 보험영업팀의 매니저로 오랜 기간 활동해왔다. 따라서 소속된 직원들의 팀워크를 유지하는 것은 항상 중요한 과제 중 하나였다. 그동안 수많은 에이전트와 일하면서, 각자 개성이 강한 그들이 어떻게 한 팀이라는 조직 속에서 서로 이득을 보게 할 수 있는지가 나의 주요 관심사였다.

영업팀은 늘 경험을 가진 고참들과 이제 막 입사해 일을 시작하는 새내기들이 함께 어울려 돌아가는 곳이다. 개인이 자신의 목표대로 자신의 실적을 위해 전념하는 동안 전체 영업팀은 늘 일정 기간별로 평가를 받는 것이다.

매니저는 팀 전체의 성과에 대해 책임을 지는 한편, 각 에이전트들의 개별 실적에 대해 꾸준히 모니터링하면서 피드백을 해야 하는 입장이다. 결국 매니저라는 자리는 리더보다는 전체 팀원들을 위한 코디네이터의 역할을 한다는 게 더 적합한 표현일 듯하다.

매트(가명)는 상당히 신중한 영업사원이었다. 입사하기 전에 다른 자그마한 사무실에서 일하다가 그쪽 매니저와의 관계에 문제가 있어서 우리 쪽으로 옮겨왔다. 비록 사람과의 관계에 문제가 있었다고는 했지만, 일은 정말 분명히 잘했다.

오랫동안 영업사원들과 함께 일하다 보면 늘 우려되는 것이 사람들의 시간 관리였다. 아침에 잠깐 사무실에 들려 얼굴을 보고 나가면 종일 각자의 시간대에 머물러 있어야 했기 때문에, 그들의 행보를 확인하는 방법은 다음 날 모니터에 나타나는 실적보고서가 유일했다.

고참 사원들의 경우엔 각자 나름대로의 루틴에 의해 움직이고 있었다. 또 그들의 동선이 유지되도록 나름대로 시스템 비슷한 것이 있었다. 또 이들은 매니저와 소통하는 법을 잘 알고 있어 미리미리 움직이는 동향을 보고해주어 별 문제가 없었다.

그러나 신입들의 경우는 그걸 기대하기 어려웠다. 그래서 이들은 출근하면 매니저와 함께 앉아 영업 나가기 전에 스케줄이나 계획을 함께 검토하는 경우가 많았다. 그럼에도 아직 업무나 나름의 루틴이 만들어지지 않은 이들의 움직임에 신경이 많이 쓰였다. 자칫 어려움이 생기면 이 그룹은 아무도 모르는 곳에서 시간을 까먹기 일쑤였던 것이다.

앞서 말한 매트는 그런 염려를 깨끗이 씻어준 친구였다. 그는 자신의 하루의 목표량이 분명했다. 설사 며칠씩 출근을 안 하더라도 염려가 되지 않았다. 그에게는 늘 그럴 만한 합당한 이유가 있었고, 어디선가 분명히 일하고 있다는 것을 믿을 수 있었다. 그리고 항상 좋은 실적을 만들어낼 만큼 자신의 고객들을 잘 관리하고 있었다. 그러나 그는 팀원으로서 섞이는 능력이 아주 미흡했다. 그는 확실히 팀플레이어는 아니었다.

당시 나는 고참과 신참들이 서로 한 명씩 조를 이뤄 일하는 조인트 플레이를 많이 했다. 이렇게 함으로써 신참들이 현장을 보다 빠르게 많이 배울 수 있는 큰 장점이 있었기 때문이다. 그리고 춥고 외로운 영업 현장에서 잠재 고객 개발하는 일을 혼자가 아닌 둘이서 서로 격려하면서 하는게 훨씬 유리했다. 매니저의 입장에서 보면 잠재 마켓을 더 많이 개척하는 기대를 가질 수도 있었다. 또 그로 인한 팀 실적의 향상도 기대할 수 있는 등 유익이 많았다. 실제로 이는 많은 성과를 가져다주었다.

그런데 매트의 경우는 달랐다. 아무도 그와 함께 나가려 하지 않았다. 같은 영업사원이었지만 한두 번 함께 나갔다 오면 꼭 팀플레이가 깨지고 말았다.

어떤 조직에서도 결과를 만드는 영업비밀 노트

나중에 밝혀진 이유는 아주 사소한 것들이었다. 함께 일하면서 사용한 비용이나 발생한 수익 처리에 관해 서로 판이하게 다른 이해를 갖고 있었다. 매트도 워낙 사교성이 적은 사람이라, 이렇게 함께 일하면 고객 개발에 좋다는 걸 알면서도 이런 일들 때문에 기회를 놓치고 있었다.

나중에 나는 그를 위해 다른 식으로 팀플레이 할 기회를 만들어주었다. 즉 그는 케이스 디자인을 월등히 잘하는 능력이 있다. 숫자에 밝아 꼼꼼히 비용을 따지는 습관처럼 고객에게 보여줄 디자인을 잘 만들었다. 보통의 고객들이 반할 만하게 짜내곤 했다. 그래서 아직 이런 일에 익숙하지 않은 신입 팀의 케이스 디자인을 맡겨 케이스를 보다 크게 만드는 일을 돕게 했다. 그리고 나중에 발생하는 수익을 부담없는 범위의 팀 규칙을 정해 나누게 했다. 서로 원원이 되는 긍정적인 선례가 되었다.

• 성과를 떠나 팀원을 챙겨라 •

숀(가명)은 통통한 흑인이었는데 참 부드러운 사람이었다. 아침에 출근할 땐 자주 뭔가 사들고 와서 팀의 사기진작을 도왔다. 미팅 때마다 뭔가 긍정적인 분위기를 만들기 위해 항상 밝은 모습을 연출하기도 했다. 난 그런 그가 상당히 고마웠다.

그런데 그는 정작 중요한 업무에서 많이 헤매고 있었다. 그를 위해 조인트 플레이, 신입사원들을 위한 멘토역, 또는 팀 코디네이터 등을 맡기면서 그의 생산성을 좀 더 높일 수 있는 방법을 찾아보았지만, 어느 것도 통하지 않자 그는 업계를 떠나려고 했다.

나는 그에게 보험 중에서도 자동차 보험 같은 손해 보험 영업을 해보기를 권했다. 이런 일은 주로 고정 급료를 받을 수 있어 가장인 그에게 유리할 것 같았다. 그렇지만 이것은 그를 우리 팀으로부터 내보내야 한다는 의미였다. 우리와 취급하는 분야가 달랐기 때문이다. 그는 곧바로 추가 라이선스를 따고 내가 소개해준 자동차 보험 회사로 자리를 옮겼다. 그리고 그는 지금도 거기서 잘 근무하고 있다.

샘(가명)은 내 손으로 내보내야 했던 직원이다. 보통의 경우 에이전트들은 자기에게 의무적으로 할당된 최소한의 숫자를 채우지 못하면 경고를 받거나 떠나기도 했다. 그렇지만 샘처럼 내 손으로 내보낸 경우는 그 전에 한 번도 없던 일이었다.

그는 사람들 앞에서 짓는 인상 좋은 표정과 달리, 뒤에서 말을 많이 만들어 내어 팀과 여러 사람들을 당혹스럽게 했다. 아마도 내가 가장 염려했던 부분이었을 것이다. 나는 필요한 업무로 인한 스트레스 외에는 어떤 불필요한 스트레스도 용납하지 않는 주의였다. 그래서 처음 그에 대한 이야기가 내 귀에 들렸을 때에는 무슨 오해가 있어 그런 일이 발생한 줄 알았다. 그러나 예의 주시한 결과 그 사태가 심각한 것을 비로소 알게 되었다. 없는 일을 만들어 말하는 것은 아니었지만, 사건의 해석 방법이나 전달하는 과정이 너무 좋지 않았다. 여러 사람이 마음 상할 수도 있었다.

당연히 몇 번 시정하도록 조치를 취했지만 전혀 나아지지 않았다. 팀의 사기는 내게 가장 중요한 가치였기 때문에 그를 불러 자초지종을 이야기하고 조용히 나가줄 것을 요청했다.

내가 생각하는 팀워크는 항상 심플했다. 함께 시너지를 키울 수 있는 환경을 만드는 것이다. 거기서는 각 사람들이 즐겁고 편한 기분으로 일할 수 있어야 하는 것이다. 그럼으로써 각자가 갖고 있는 서로 다른 강점과 약점을 기꺼이 내어놓을 수 있는 분위기를 만드는 것이다. 힘든 영업 활동 속에서 서로 필요한 강점을 빌려 쓸 수 있도록 코디네이트해주는 것이다. 이렇게 제공된 강점들은 결국 수익을 만들고 각자가 제공한 만큼 나눠 갖는 원원의 시스템으로 완성된다.

결국, 팀과 각자의 생산성을 높이고자 하는 목표가 있지만, 그렇게 하기 위해 불필요한 경쟁의 분위기보다는 격려와 협조의 문화를 만들어야 한다. 이런 팀워크는 바로 팀의 합의된 선택으로 만들어지는 것이다. 만약 그들이 팀 안에서 혼자가 아니고 서로 보살핌을 받을 수 있다는 공감대만 만들어지면 그것만으로도 훌륭한 팀의 모습을 보여주게 될 것이다.

내가 생각하는 팀워크는 항상 심플했다. 함께 시너
지를 키울 수 있는 환경을 만드는 것이다.

어떤 조직에서도 결과를 만드는 영업비밀 노트

07

자신을
마케팅하라

• 자신만의 마케팅 전략을 가져라 •

앞에서 나만의 브랜드를 만드는 것에 대해서 이야기를 나눴다. 여기서는 나 자신을 마케팅하는 것에 대해서 생각을 잠시 해볼까 한다.

영업계에 처음 들어와 내가 찾아갈 고객이 없다는 사실이 몹시 분했던 적이 있다. 아침에 일찍 일하려고 나와서 전화 몇 통 돌리고 나면 더 이상 전화할 상대가 없었다. 그게 얼마나 한심했는지 모른다. 그래서 분한 마음에 자료들을 뒤져 마케팅에 대해서 나만의 리서치 페이퍼를 쓰려고 했다. '조금만 기다려라. 지금은 비록 내가 구걸하듯이 찾아다니지만 앞으론 당신들이 나에게 찾아오게 만들 거야' 하는 오기가 생겼던 것이다. 영업에 대해 전혀 아는 게 없는 이공계 출신의 오기였다.

당시는 지금처럼 인터넷이 발달되지 않아 도서관에 가야 자료가 있었다. 그나마도 전부 영어로 되어 있는 데다, 오래된 자료밖에 없었다. 그래서 기껏 구한다고 해도 원론적인 내용들만 접할 수밖에 있었다.

그래서 나의 초기 주요 마케팅 전략은 신문 광고였다. 교민사회는 그 규모가 작았지만 버지니아, 메릴랜드, DC의 너른 지역에 퍼져 살고 있었다. 따라서 가장 널리 알릴 수 있는 방법은 발로 일일이 뛰는 것 외엔 신문이 가장 효과적이라고 판단했다.

당연히 비용을 고려해야 하므로 아주 절제된 규모로 집행해야 했고, 절대 함부로 할 수 없었다. 그래도 초기엔 이게 많이 도움이 되었다. 특히 매니저가 되고 나서 사람을 채용하는 방법으로는 나쁘지 않았다. 그래서 제법 빠르게 확장을 했었다.

그러다가 획기적인 진보를 하게 되었던 것이 바로 SNS의 출현이었다. 트위터가 세상에 막 나오던 때는 10,000명이 넘는 팔로워를 갖고 있기도 했다. 그러나 트위터를 내 비즈니스와 연결하기엔 거리가 있어 보였다. 시간만 많이 들었다.

그 다음으로는 링크드인(LinkedIN)을 리쿠르팅 목적으로 사용했다. 이것은 제법 괜찮은 숫자의 타깃층과 연결이 되어 도움이 되었다. 사람들과 대면하는 오프라인 미팅까지 간 경우가 많았고 거기서 괜찮은 사람들을 채용하기도 했다. 지금도 1,500명이 넘는 네트워크를 유지하고 있다. 거기서 소개도 되고 있음은 고무적이다. 따라서 링크드인은 지금 나의 두 번째 좋은 툴이다.

내게 가장 좋은 브랜딩 또는 마케팅 수단은 바로 페이스북이다. 페이스북은 나를 동부 버지니아로부터 서부 샌프란시스코와 LA까지 연결해주는 중요한 역할을 했다. 비록 친구 수는 300명 정도로 작게 운영하지만 타깃층을 잘 골라내 관계를 맺고 있다.

신문이나 방송은 내 타깃층만 잘라내기가 어렵다. 제품 판매라면 그것도 나쁘지 않다. 그러나 내가 지금 목표로 하는 마케팅 대상은 같은 업계에 있기 때문에 층을 구분하는 게 효과적이었다.

이 경우 페이스북을 이용하면 내가 원하는 타깃층을 선별적으로 골라내 친구를 맺을 수 있었다. 친구 수를 천 단위 이상으로 가지고 가지 않아도 내가 사는 지역에 원하는 대상들과 관계를 맺을 수 있다.

페이스북을 이용한 나 나름의 방법은 간단하다. 친구들의 리스트를 살펴 관계 맺기를 원하는 사람들과 친구가 되는 것이다. 그냥 말로만 친구가 되는 것이 아니라 이들의 동향을 주목하고, 오프라인에서도 만나는 절친으로까지 관계를 발전시키는 걸 목표로 한다.

이들의 포스팅에 특별히 관심을 갖고 댓글이나 반응을 보이면 서로 많이 가까워지게 된다. 그래서 절대로 많은 친구 수를 유지하지 않는다. 많으면 SNS를 다 살펴보는 게 어려워 시간 낭비가 많고, 뜻밖에 감정적인 것도 엮일 여지가 크기 때문이기도 하다.

또 하나 나의 페이스북 활동 원칙이 있다. 가능하면 하루에 한 번은 포스팅을 한다. 절대 정치나 종교적인 이슈에는 개입하지 않는다. 또 내가 몸담고 있는 보험업에 대해서도 일체 언급을 하지 않는다. 그렇다고 비즈니스 페이지를 따로 만들지도 않는다. 내가 포스팅하는 글들은 철저히 나의 브랜딩이다. 나를 가장 솔직하게 보여주려 하고 있다. 나의 여행, 가족, 일상의 모습, 내가 찍는 사진 그리고 나의 생각이다.

내 글의 독자는 철저히 친구들로만 제한해놓았다. 다행히 친구들이 내 글을 많이 좋아해주는 것 같다. 그래서인지 예전보다 꽤 많은 친구 요청이 들어오고 있다. 물론 아주 선별적으로 받아들이고 있다. 이렇게 나는 꽤 오랫동안 페이스북(https://www.facebook.com/cheers1215)의 도움을 받았음을 부인할 수 없다.

• 자신만의 온라인 툴을 개발해라 •

확실히 앞으로는 SNS에 많은 마케팅의 기회가 있다는 것을 부인할 수 없

어떤 조직에서도 결과를 만드는 영업비밀 노트

다. 앞으로는 블로그도 본격적으로 검토해도 좋겠다. 내가 저술하는 책이 좀 더 출간되면 블로거로도 활동할 생각이다.

링크드인 같은 경우엔 이민자라고는 하지만 영어를 원주민만큼 하기 어려워하는 사람에게도 유리하다. 대화할 필요 없이 문자로 하면 되니까 나 같은 경우엔 아주 적합했다.

제품이나 서비스를 필요한 사람에게 연결해주는 것이 마케팅의 본질이다. 올바른 마케팅을 할 수 있으면 다른 사람들에게 가치를 제공할 수 있게 된다. 사람들이 나를 좋아하고 나와 함께 일하고 싶도록 마케팅을 통해 가치를 보여줘야 한다.

우리는 잘 깨닫지 못하지만 늘 자신들을 마케팅하고 있다. 어떤 논리로 회의 중에 참가자들을 설득하는 건 내 의견을 파는 일이다.

얼마 전에도 자기소개서를 쓴 적이 있다. 그것을 쓸 때의 마음가짐은 어떠한가? 나의 소개서를 읽는 사람이 내게 좋은 인상 받기를 바라는 마음이 아닌가? 그게 바로 나를 마케팅하는 것이다.

나의 페이스북 포스팅은 나의 이미지를 매일 사람들에게 각인시키는 것이다. 난 그러한 이미지 브랜딩을 위해 내 타깃층을 위한 철저한 가이드라인을 적용시킨다. 그것을 통해 그들은 나의 절제력을 볼 것이다. 또 나와 대화하는 친구들을 통해 나의 수준을 볼 것이다. 그리고 포스팅에서 나의 의식 수준을 파악할 것이다. 또한 나의 가족들을 보면서 내가 얼마나 안정적인 사람인지 느낄 것이다. 이런 이미지 마케팅은 저축하는 일과 같다. 당장은 어떤 결과로 나타나지 않더라도 그 효과가 결정적으로 홀연히 나타나 빛을 비출 때가 올 것이다.

마케팅은 성공을 장담하지는 못한다. 늘 변수가 있다. 하지만 자신의 의지 대로 해볼 수 있는 여지가 매우 많은 것이 매력이다. 유명해지고 싶다면 자신의 길을 가라.

그렇다고 매력을 쓸데없이 과장하거나 왜곡시켜서는 안된다. 이것은 자신의 삶을 보여줌으로써 승부를 거는 일이다. 전문가가 아니라고 해서 마케팅을 하지 못할 이유는 없다. 가장 중요한 것이 진정성인 것만 기억하면 된다. 왜냐하면 우리 각자의 삶은 인생에서 질곡이 있는가 없는가에 상관없이 이미 걸작이기 때문이다. 즉 최상의 콘텐츠는 준비되어 있는 것이다. 이제 남은 것은 여기에 잘 어울리는 포장지만 찾으면 되는 것이다.

당신의 인생을 바꾸는 영업비밀 노트 한 줄

우리 각자의 삶은 인생에서 질곡이 있는가 없는가
와 상관없이 이미 걸작이다. 즉 최상의 콘텐츠가 준
비되어 있는 것이다. 이제 남은 것은 여기에 잘 어울
리는 포장지만 찾으면 되는 일이다.

08

문제는
정면으로 돌파하라

• 문제를 솔직히 인정하라 •

내 나이 40대 초반 쯤 되었을까, 하루는 농담 반 진담 반으로 아내에게 말했다.

"여보, 난 이제 당신이 하라는 대로만 할게."

"무슨 말이에요?"

"문제가 생기면 답이 뻔한데도 자꾸 잔머리를 굴리니까 문제가 더 심각해지는 것 같아."

"그것 봐요. 돌아가면 더 힘들어져요. 힘들어도 그냥 부딪혀요."

이 대화는 진짜 심각했던 시절의 이야기다. 아내는 정직한 사람이다. 내게 늘 사정을 그대로 솔직하게 상대에게 이야기하라고 하는데, 자존심이 강한 나는 그걸 잘하지 못했다. 그래서 편법을 찾고는 했었는데, 그게 번번이 더 큰 문제로 돌아오곤 했다. 이때 배운 게 문제의 해결 방법은 솔직해지는 것이라는 점이다.

조직에 문제가 생겨 마음이 많이 가라앉은 때가 있었다. 도대체 어디서부터 다시 일어나야 할지 알 수 없었다. 지금은 문제를 보는 방법 자체가 많이 바뀌었지만, 그때는 한참 팔팔한 시기여서 머리에 도무지 아무것도 들어오지 않았다. 스스로의 패배를 인정할 수가 없었던 것이다. 그래서 가라앉히는 데 혹시 도움이 될까 싶어 이것저것 닥치는 대로 책을 찾아 읽기 시작했다.

그때 정말 많은 책들을 읽었는데 그중에서 내게 큰 도움을 준 것은 '서른세 개의 계단'에서 펴낸 네빌 고다드의 『리액트』란 책이었다. 당시 미국에서 책을 하드커버로 구하려면 너무 비싸 전자책으로 구입해 읽곤 했다. 그런데 이 책만큼은 꼭 소장하고 싶어서 별도로 주문을 했다. 그리고 지금까지도 수시로 이 책을 읽고 있다.

그 책에서 네빌은 현재의 환경이 마음에 들지 않는다면 그 원인을 인정하라고 이야기한다. 환경은 사람이 인식하고 있는 것이 현실로 나타난 것이기 때문에 의식이 바뀌면 환경도 변한다는 것이다. 만약 어떤 것에 대해서 반응하지 않으면 그것은 더 이상 사람에게 영향을 미칠 수 없다고 말한다.

"이제 자신을 아름다움, 사랑(당신 안의 그리스도)으로 여기십시오. 그러면 당신은, 존재의 끝없는 정상까지 올라갈 것이고, 그것에 맞춰 당신 삶의 환경들도 자연스럽게 바뀔 것입니다. 당신이 인식하고 있는 상태는 자석처럼 당신의 삶을 끌어당깁니다." - 네빌 고다드, 『리액트』

처음에 이 글을 읽었을 때는 비겁하게 느껴졌다. 문제를 정면으로 이기기 위한 담대한 무언가를 원하는 나에게 그냥 달아나라고 하는 것같이 느껴졌다.

그렇지만 곱씹어 보면서 내게 닥친 문제들을 보니까 조금씩 눈이 열렸다. 당시에 내게 닥친 문제들은 내가 오랫동안 두고두고 마음으로부터 불만스럽게 생각하던 일들이 터져나온 것들이었다. 직접 상대해서 해결을 하기보다는 그저 불만과 원망으로 마음에 담고 있던 것이 그냥 세상으로 표출된 것이었다. 그리고 그 결과로 정말 모든 관계가 끊어져버렸다.

네빌은 나에게 도망가라고 말한 것이 아니라 왜 그런 일이 일어났는지를 설명해주고 있었다. 그리고 나아가 이를 해결하는 방법을 알려주고 있었다. 이후로 나의 문제들을 조명해보는 법은 완전히 달라졌다. 모든 원인은 나의 의식에 있으므로 그 의식을 통해 문제 자체를 만들지 않게 하는 것이다. 설사 문제가 생긴다 해도 내가 의식하지 않고 상대하지 않으면 그 문제는 그냥 힘을 잃는 것이다. 그러면 그 문제는 더 이상 내게 문제가 되지 않는다.

• 문제는 단지 의식으로 인해 일어난다 •

지금 내게 문제로 나타난 것들은 사실 지난 어느 시간대에 내가 품었던 불만과 생각으로 뿌린 씨앗들의 결과물이다. 그냥 하늘에서 뚝 떨어진 것들이 아니다. 사람들이 흔히 생각하는 것처럼 어떤 일로 인한 사고가 아닌 것이다. 모두 나의 좋지 못한 생각과 의식에 의해 비롯된 것이다.

그런데 더 큰 문제는 지금 그렇게 나타난 것들로 인해 지금도 똑같이 불만스런 생각의 씨앗을 뿌리고 있다는 사실이다. 지금 겪고 있는 일들이 너무 힘드니까 당연히 부정적 생각들이 마음에 가득 차 있는 것이다. 이것은 바로 나의 가까운 미래에 거두게 될 또 다른 문제의 씨앗을 뿌리고 있는 것이다. 깨어난다는 것은 바로 이런 사실을 깨닫는 것이다.

그래서 네빌은 지금 마음에 담겨져 있는 감정을 일단 그대로 인정하라고 한다. 그리고 더 이상 더 나쁜 생각이 생기지 않도록 일체의 반응을 하지 말라고 한다. 나쁜 생각을 떨쳐내지 못한다는 것은 바로 내가 나쁜 생각의 노예가 되어 있기 때문이다.

이 노예와 같은 속박이 생기는 이유는 우리가 자꾸 그곳으로 다시 돌아가기 때문이다. 누군가를 또 원망하고 분한 마음을 품기 때문에 감정의 수렁에 빠져서 헤어나오지 못하는 것이다. 그렇지만 내가 반응을 하지 않으면 그로 인해 다시 생길 수 있는 부정적 감정들이 조금씩 가라앉는다. 그리고 마침내 그런 감정들은 힘을 잃게 된다. 그게 바로 속박에서 벗어나는 것이다.

이것을 네빌에게서 배우고 나서 나도 무언가 시작했다. 그것은 조그마한 통을 하나 장만하여 책상 옆에 놔두고, 문득문득 좋지 못한 감정이 떠오르면 작은 종이에 그 감정의 원인과 날짜를 적었다. 그리고는 그 통에 던져버렸다.

혼자 있을 때는 까닭 없는 불안이 모락모락 피어오른다. 그리고 괜히 우울해지기도 한다. 또 두려움이 몰려오기도 하고 배신감 같은 것이 갑자기 덤벼들기도 한다. 나쁜 감정에 빠지는 나를 가장 쉽게 돌아보는 방법은 글을 쓰는 것이다. 제3자를 관찰하듯이 적다 보면 나를 객관화할 수 있다. 나 스스로 나쁜 감정에 빠진 또 다른 자신을 보면서 '아하! 이럴 때 이런 감정이 생기는구나.' 하고 알아차리는 순간, 그 감정은 어느새 어디론가 사라져버린다. 그럼에도 자꾸자꾸 돌아오는 감정은 종이에 적어 통에 넣었다. 아직 한 번도 열어보지는 않았지만, 나중에 보면 그냥 피식 웃음이 나오지 않을까?

이런 행동이 중요한 이유는 지금 이 순간만큼은 좋은 생각을 해서 앞으로올 시간들을 좋은 것들로 채우고 싶었기 때문이었다. 내게 바람직하지 않은 생각이 들어올 때 의식적으로 그것을 멈추고 긍정적이고 밝은 생각들로 채우는 행위를 네빌은 영혼에 '일용할 양식'을 주는 것이라고 했다.

그의 말씀을 해석하는 방법이 처음엔 많이 생소했지만 이런 표현들은 참으로 사랑스럽지 않은가? 우리가 육신을 위해 취하는 양식만 있는 줄 알았는데, 내 영혼에까지 '일용할 양식'을 주다니….

정면으로 문제를 돌파하는 것은 다름이 아니다. 바로 나의 의식을 깨움으로써 문제 이전의 상태로 돌아가 오히려 더 좋은 성공의 기회가 되도록 만들어버리는 것이다. 진짜 성공적인 삶이란 물질적인 성공이 아니라 진정한 행복을 누릴 줄 아는 삶이어야 하기 때문이다.

당신의 인생을 바꾸는 영업비밀 노트 한 줄

진짜 성공적인 삶이란 물질적인 성공이 아니라 진정한 행복을 누릴 줄 아는 삶이어야 하기 때문이다.

어떤 조직에서도 결과를 만드는 영업비밀 노트

5 장

인생의 변화는
나를 믿는 순간 시작된다

나를 믿는 순간
상상은 현실이 된다

· 스스로에 대한 신념을 갖기 ·

와타세 켄이라는 일본 작가가 있다. 그는 『마음을 흔드는 영업의 법칙』에서 자신을 말주변이 없는 몹시 소심한 사람이라고 소개하고 있다. 그가 그렇게 소심한 성격을 뜯어고치지도 않고 오히려 그 성격을 살려 자신이 하던 리쿠르팅 영업에서 큰 실적을 올리는 성공을 이룬다. 불과 입사 10개월 때 전국에서 1등을 차지하게 된다. 그리고는 지금은 세일즈 트레이너가 되어 내성적이고 영업과 맞지 않는다고 생각하는 사람들에게 많은 도움을 주고 있다.

그는 입사 초기에 실적을 전혀 내지 못해 그만둬야 하나 하는 고민을 참 많이 했다고 한다. 보통 사람들은 영업사원이 되려면 성격이 활달하고 말도 잘하고 사람들과의 붙임성이 좋아야 한다고 생각한다. 처음엔 그도 이런 성격이 못 돼 실적이 없는 줄 알았다.

그러다가 어느 고참 사원을 따라 나섰다가 그가 영업하는 모습을 보면서 꼭 활달한 성격이 아니어도 될 수 있겠다는 사실을 깨닫게 된다. 그는 영업이란 성과만 낼 수 있으면 어떤 방법도 상관없다란 전제하에서 자기의 성격이 통할 만한 자기 나름의 영업 전략을 만들어내는 데 성공한 것이다. 이를 위해서 그때부터 자신의 내면에 좀 더 눈을 돌리기 시작했다고 한다.

요한 볼프강 폰 괴테는 "자기 자신을 믿는 순간, 어떻게 살지 알게 될 것이다."라고 말했다. 스스로에 대한 신념을 회복할 수 있으면 생각보다 분명 일이 잘될 것이다. 이로써 스스로를 더 확실히 믿을 수 있게 되는 것이다. 또 불가능하게 보이는 것들에도 도전하게 되고 또 성장하고 자기 계발을 할 수 있다.

그렇지만 자신감이 부족한 사람들은 안전지대에 빠져 새로운 모험을 하지 못한다. 또 외부의 부정적인 정보에 쉽게 마음을 주어버린다. 그래서 그들이 하는 자신에 대한 평가를 그대로 인정해버리는 것이다. 이래서는 자신이 원하는 삶을 이끌어갈 수 없다.

승자의 마음을 지닌 사람들은 다른 사람들이 자신의 계획에 부정적인 영향을 주는 것을 용납하지 않는다. 그들이 자신의 가치를 알아보지 못할 때도 계속 앞으로 갈 수 있는 사람들이다. 그들은 단순히 남의 말만 듣고 자기 일을 멈추지 않는다. 오히려 그런 부정적인 말들을 자신을 위한 동기 부여의 기회로 삼는다.

당연히 모든 성격에는 특징이 있다. 그러나 어떤 한 성격도 다른 성격보다 더 뛰어나다고 할 수는 없다. 사람은 자신의 모습 그대로를 인정할 때 스스로의 잠재력이 비로소 빛을 내기 시작할 수 있음을 깨달아야 한다. 이런 스스로에 대한 신념이 새로운 일에 도전케 하고, 자신만의 인생 모험에 승리의 깃발을 꽂을 수 있게 하는 것이다. 만약 새로운 것에 도전하려는 용기가 없다면 우리 안에 들어 있는 잠재력을 발현시키지 못할 것이다.

힐튼 호텔의 창립자인 콘래드 힐튼은 벨보이 시절, 자신보다 일을 잘하는 사람도 많았고, 그보다 경영 능력이 뛰어난 사람들도 많았다고 했다. 그렇지만 호텔을 경영하게 되리라 믿은 사람은 자기 혼자뿐이었다고 회상한다. 힐튼은 사람들이 성공하지 못하는 이유를 스스로 과소평가하기 때문이라고 했다.

또 월트 디즈니는 20대 시절, 자신의 그림을 잡지사 및 여러 곳에 보냈지만 '그림을 못 그린다', '그림이 이상하다' 등의 반응만 받았다. 하지만 현재 캐릭터 자체만으로도 자동차 100만대를 파는 이익과 맞먹는 미키마우스를 만든 디즈니 사와 디즈니 랜드를 일구어냈다. 그는 300번이 넘는 거절을 당하면서도 자신을 믿고 용기를 잃지 않았다. 이것은 디즈니의 꿈의 결과인 것이다.

KFC의 할아버지 창업자, 커널 샌더슨은 또 어떤가. 1950년에 25년 동안 경영했던 그의 레스토랑이 파산당했다. 그에게 남은 건 주머니속에 있는 달랑 105달러의 수표뿐이었다. 그러나 그에게는 오랫동안 간직해온 꿈이 하나 있었다. 그것은 프라이드 치킨의 독자적인 조리법을 미국 전역에 있는 레스토랑에 파는 것이었다. 그는 자신의 치킨 맛을 알아줄 투자자를 찾아 트럭에 압력 솥과 양념을 싣고 미국 전역을 돌아다녔다. 마침내 사회 보장 혜택으로 근근히 살아가던 65세의 노인은 1,008번의 거절 끝에 패스트 푸드의 거목으로 KFC의 창업자가 되었다. 멀리 갈 것도 없다.

'한책협'의 김태광 대표를 보자. 그는 지금 1,000 명 이상의 작가를 키워낸 그야말로 한국 책 쓰기 계의 최고 거장이다. 지난 20여 년간 500번이 넘는 거절을 뛰어넘고 무려 250권에 가까운 책을 펴냈다. 그는 종종 암울했던 20대를 회상하면서 이렇게 적고 있다.

"가끔 고향집에 가면 나는 숨이 막혀 질식할 것 같았다. 아버지의 퀭한 눈에는 결코 벗어날 수 없는 가난의 고통이 담겨 있었다. 어머니의 눈에는 바다보다 깊은 슬픔과 절망으로 가득했다. 그러나 내가 두 분께 해 드릴 수 있는 것은 아무것도 없었다. 오로지 악착같이 살아서 꿈을 이루고 성공하는 길밖에 없었다. 그리하여 가난과 슬픔과 절망이 부와 기쁨과 희망으로 바뀌기를 바랐다."

그는 꿈을 이루는 동안 수없이 고통을 맛봐야 했고 급기야는 좌절과 실망의 벽에 가로막혀 자살도 수차례 생각했다. 그러나 그런 과정에서 알을 깨고 나오는 새처럼 성장했다.

그는 "우리가 상상하는 모든 것들은 실현된다. 우리가 상상할 수 있는 것들은 현실로 만들 수 있다. 하나님께서 우리에게 '상상력'이라는 영적인 도구를 주신 것은 원하는 소망들을 하나씩 성취하라는 뜻이다. 소망을 성취하는 과정에서 우리는 좌절, 고통, 기쁨, 행복, 깨달음, 지혜를 얻게 된다."라고 강조하고 있다.

힘든 시간을 견디고 난 지금 그는 이미 큰 부를 거두었고, 또 같은 어려움을 겪는 이들에게 자신이 걸어온 길을 보여주며 희망을 제시하고 있다.

• 나의 삶, 나만의 콘텐츠 •

어릴 때 낙망에 빠져 있던 내게 목사님이 등을 두드리며 말씀해주신 이야기가 있다.

"이 형제, 혹시 렘브란트의 그림 알아요? 만약에 그림을 그릴 때 밝고 환한 색만 가지고 그리면 좋을 거 같지요? 어둡고 답답한 색은 싫죠? 그런데 그의 그림을 한번 찬찬히 보세요. 그는 밝고 환한 예쁜 색을 아껴 아주 조금밖에 안 쓰고 있어요. 얼핏 보면 어둡고 칙칙해요. 그런데 그런 어둠 가운데 나타난 밝은 색은 다른 어느 그림보다도 더 환하고 밝고 아름답게 보이죠. 생각해

보세요. 사람이 사는 것도 마찬가지예요. 형제의 영광스러울 어떤 순간을 위해 지금의 답답한 시간이 필요하답니다."

지금 이만큼 살고 나니까 그 목사님의 말씀이 얼마나 잘 이해가 되는지 모른다.

우리가 겪는 모든 힘든 경험은 나만의 콘텐츠이다. 내가 어떻게 살아왔는지는 바로 나만의 스토리인 것이다. 하나님께서 왜 이런 시간들을 내게 주셨을까? 힘든 시간을 지나가는 동안은 그야말로 험한 소나기 가운데 서 있는 참담한 기분일 것이다.

그러나 자신을 믿는 사람들은 그 길의 끝에 있을 아름다운 현실을 지금부터 보고 있다. 꼭 눈으로 본다고 현실인 것이 아니다. 나의 머릿속으로도 충분히 깨닫고 느낄 수 있는 것이다. 그런 사람에게는 지금 맞고 있는 소나기 속에서도 춤을 출 수 있는 것이다.

"인생이란 폭풍이 지나가길 기다리는 것이 아니라 빗속에서도 춤을 추는 것이다." - 비비안 그린(미국의 가수)

어떤 조직에서도 결과를 만드는 영업비밀 노트

당신의 인생을 바꾸는 영업비밀 노트 한 줄

우리가 겪는 모든 힘든 경험은 나만의 콘텐츠이다. 내가 어떻게 살아왔는지는 바로 나만의 스토리인 것이다.

나의 한계는 오직
나 스스로만 결정할 수 있다

· 나의 한계는 없다 ·

"능력의 크기는 단지 '나를 어떻게 정의하느냐'가 결정짓는다."

– 김상운, 『왓칭』

필자는 미국에서 보험 매니지먼트를 하면서 사람들을 선발하고 훈련시켜 유능한 영업인이 되도록 돕는 일을 한다. 그렇게 해서 나와 조직의 목표를 달성하고자 하는 것이다. 이런 리쿠르팅 활동은 주요한 나의 업무이다.

지난 18년간 정말 많은 사람들과 면담을 통해 사람들을 선발했다. 물론 그 사이에 엄청 많은 시행착오도 겪었다. 또 그러는 동안 나 나름의 인물 선택 기준도 생긴 건 당연하다. 잠깐 다시 그것을 소개할까 한다.

내가 가장 선호하는 그룹은 바로 군인과 같은 정신력을 가진 이들이다. 군인들은 군 생활을 통해서 힘든 과정을 뛰어넘는 강도 높은 훈련을 많이 받았다. 그들에게는 명령의 수행이 지상과제다. 거기엔 자신이라는 개인이 끼어들 틈이 없다.

'안 되면 되게 하라.'라는 공수부대의 구호같은 강한 정신이 바로 그들의 머리에 살아 움직이는 것이다. 필자도 군 생활을 해봤지만 이렇게 장시간 몸과 마음에 훈련을 통해 각인시켜진 건 잘 없어지지 않는다. 개인의 목표든 조직의 목표든 반드시 해내겠다는 정신과 의지가 매일 요구되는 영업 현장의 생리와 잘 맞는 것이다.

그리고 또 이들이 가진 장점은 정해진 규칙을 철저히 지키는 자세이다. 절제가 온몸에 배어 있는 것이다. 그래서 조직 전체의 진행 방향과 잘 조화를 이룬다. 영업은 아침부터 저녁까지 사무실에서 일하는 일이 아니라서 자신을 그냥 풀어버리면 그냥 엉망이 되어버린다. 사람의 눈이 없는 곳에서도 스스로 일을 수행해내는 능력이 필요한 것이다.

그다음으로 선호하는 그룹은 바로 운동선수들처럼 승리와 성취감을 아는 사람들이다. 이들은 지는 법을 배우지 않는다. 그들 머리엔 항상 이기겠다는 승자의 정신이 살아 있다. 정신으로는 지는 법을 모른다. 또 설사 지더라도 반드시 그들은 다시 도전하는 것이다.

그리고 이들 역시 엄청난 훈련을 통해 자기 절제를 배운 그룹이라 어지간한 장애에는 끄떡도 안 한다. 영업직은 본인의 활동 여부에 따라서 큰 성과를 낼 수 있는 곳이기 때문에 성취욕만 있다면 가장 빠르게 성장할 수 있는 곳이라 성공 여부는 본인의 정신력에 달려 있는 것이다.

또 하나 꼽으라면 그것은 이미 챔피언의 경험이 있는 사람들이다. 어느 분야에서든 어떤 한 분야에서 이미 큰 업적을 내본 경험이 있는 사람은 이미 챔피언의 느낌을 안다. 난 그런 챔피언의 느낌을 잘 이해하고 경험을 맛본 사람을 찾는다.

이런 챔피언들에게는 과제가 뭐든 상관이 없다. 스스로 또 다른 챔피언이 되기 위해 그들의 머리가 활발하게 그들을 몰고 갈 것이다. 그리고 그들은 종국에 그런 챔피언이 될 것이다.

영업은 정신력의 세계이다. 지난 경험을 보면 타협도 많이 했다. 의지력이 별로 없는 사람들도 '혹시' 하는 어떤 막연한 기대를 가지고 채용한 것이다. 사실 실적에 몰리면 타협도 많이 하게 되는 게 현실이다. 그러나 나의 타협의 결과는 별로 안 좋은 경우가 많았다.

실패하는 사람들은 늘 합리화를 많이 했다. 자기 안에 있는 자신만의 힘을 '난 적합한 사람이 아니다.', '내게 맞는 자리가 아니다.' 식의 합리화로 스스로 닫아버리곤 했다. 그러면 그런 자기합리화를 듣는 자신의 잠재의식은 그 안에 그대로 가감없이 기록을 하고, 자신이 그것을 할 수 없다는 것을 '철저하게' 이행하는 것이다.

• 자신만이 한계를 정할 수 있다 •

한번은 내 팀의 에이전트 하나가 내 방으로 나를 찾아왔다. 그리고 아무래도 이 회사에서는 자기가 잘할 자신이 없어서 다른 회사로 옮겨 보고 싶다는 의견을 피력했다.

이야기를 끝까지 다 들은 후, 난 그에게 물었다. 여기서는 안 되고 거기서는 잘될 것 같다는 생각이 드는 근거를 혹시 말해줄 수 있는지 물었다. 내가 알기로 그 회사의 근무 조건이 그에게는 우리 회사의 근무 조건보다 훨씬 안 맞을 것 같았기 때문이다. 아마 그도 그것을 잘 알고 있을 터였다. 그의 대답은 역시 나와 같은 내용이었다.

그래서 다시 그에게 지금 여기서 잘 안 되는 이유가 무엇이라고 생각하는지를 물었다. 그리고 거기로 옮기면 그 점이 개선될 것 같은지 물었다. 아울러 만약 그렇다면 옮기는 것을 나도 동의하겠다고 이야기해줬다.

다음 날 그는 나를 다시 찾아왔다. 그리고 그냥 남아 있겠다는 의사를 이야기했다. 왜 그런 결정을 했는지 물었다. 그는 지금 여기서 자기가 잘 안 되는 점이 거기서 더 나아질 거 같지 않다는 생각이 들었다는 대답을 했다.

내가 마지막 코멘트를 그에게 해줬다. 회사를 옮기려면 좋은 히스토리를 갖고 움직이라고 했다. 지금 여기서의 부족한 경험으로는 거기서도 전혀 나아지지 않을 것이다. 먼저 여기서 개선을 하고 좋은 실적을 만드는 경험을 쌓아야 한다. 그리고 후에 그런 좋은 때가 와서도 여전히 옮기고 싶다면 그때는 기꺼이 보내주겠다는 약속을 했다.

그는 이기는 느낌을 알아야 했다. 지금 같은 패배자의 마음으로는 어디로 가든 형편이 나아지지 않을 것이기 때문이다. 아직 승리자의 짜릿함을 전혀 알지 못하는 게 문제였다.

사람들은 어떠한 일을 할 때 더 이상 할 수 없는 상태라고 생각하는 지점에 이르면 '여기까지가 나의 한계다.'라고 쉽게 말해버린다. 그러나 사람의 한계는 자신 스스로가 만드는 것이다. 아무도 그렇게 하라고 하지 않는다.

스스로의 생각이 바로 자신의 한계를 만드는 것이다. 이럴 때는 마음을 다잡아야 한다. 자신의 한계를 뛰어넘는 연습이 필요하다. 그 한계는 무한히 확장할 수 있음을 믿어야 한다. 나의 잠재의식은 나의 의식을 따른다.

실패하는 사람들은 이유나 변명을 찾고 성공하는 사람들은 방법과 도전을 찾는다. 우리가 말하는 한계는 진정한 능력의 한계라기보다는 단지 우리 마음이 만든 스스로의 한계, 즉 마음속의 한계일 뿐이다.

"사람들의 한계는 짐작도 할 수 없다. 세상의 어떤 테스트로도 인간의 잠재력을 측정할 수 없다. 꿈을 좇는 사람은 한계로 여겨지는 지점을 넘어 훨씬 멀리까지 나아간다. 우리의 잠재력에는 한계가 없고 대개는 아직 고스란히 묻혀 있다. 한계는 우리가 생각하는 순간 만들어진다."

　- 로버트 크리겔(심리학자), 루이스 패틀러(작가)

> ## 당신의 인생을 바꾸는 영업비밀 노트 한 줄
>
> 사람들은 어떠한 일을 할 때 더 이상 할 수 없는 상태라고 생각하는 지점에 이르면 '여기까지가 나의 한계다.'라고 쉽게 말해버리곤 한다. 그러나 사람의 한계는 자신 스스로가 만드는 것이다. 아무도 그렇게 하라고 하지 않는다.

인생의 변화는
나를 믿는 순간 시작된다

• 인생의 돌발적인 변화 앞에서는 우선 완전히 멈추라 •

사람에게는 누구나 다양한 방식으로, 생각하지도 못한 시간과 장소에서 전환점이 다가온다. 그리고 그 전환점은 모두 다른 모습을 하고 있다. 비록 개개의 모습은 다르지만 우리는 그 전환점을 통해서 충분히 더 나은 삶으로 나아갈 수 있다.

그러면 언제가 그러한 전환점일까? 어렵게 생각할 필요가 없다. 그것은 바로 지금 '당신이 넘어진 자리'가 될 수 있다. 사람의 삶은 일정하게 움직이는 법이 없다. 그렇다면 정말 재미없을 것이다. 그런데 넘어진 순간 내가 취하게 될 선택에 따라 어느 곳으로도 갈 수 있다. 방향도, 속도도 모두 나의 선택이다.

내가 다녔던 '듀폰'의 안전기준 및 실적은 그야말로 세계 제일이다. 이 회사의 안전을 끌고 가는 규칙은 간단하기 그지없다. 바로 'STOP' 프로그램이다. 이것은 사원이라면 직급을 떠나 모두 동일하게 그 규칙을 준수해야 한다. 그것은 바로 어떤 안전하지 못한 상황을 발견하면 그 발견자가 누구든지 즉시 그 행위를 멈추게 할 수 있다. 그리고 안전하지 못한 상황이 해결될 때까지 모두 협력하게 조치한다. 만약 그렇게 중지를 시킨 상황이 큰 공적으로 나타나면 후에 상을 받기도 한다.

이 규칙은 우리의 삶에도 적용해볼 수 있다. 당신에게 어떤 힘든 상황이 닥치면 우선 모든 행위를 멈춰야 한다. 자책도, 비난도, 어떤 반응이든 아무것도 하지 말고 온전히 멈추라. 그리고 그 위치에서 잠잠하게 호흡을 가다듬으면서 왜 그런 일들이 있는지를 되짚어보는 것이다. 그리고 내 안의 나를 응시하면서 조용한 대화를 하라. 당신이 갖고 있는 참된 능력은 세상이 당신에게 하는 평가보다 훨씬 높은 곳에 있음을 알아야 한다.

한 가지 중요한 사실은 인생이란 어려울 때 제대로 가고 있다는 점을 깨닫는 일이다. 지금 내 눈으로 보는 게 다가 아니라는 이야기다. 그러므로 어떤 힘든 일을 당해도 놀랄 필요가 없는 것이다. 그때는 바로 내가 나 자신을 다시 만날 기회인 것이다. 그로 인해 당신은 훨씬 더 좋은 세계로 움직일 때가 되었다는 사실을 인지하는 게 중요하다.

내 삶의 큰 전환점은 한국을 떠나기로 마음먹은 일이었다. 한국에서의 첫 직장을 잘 다니고 있던 나는 5년째 되던 해, 너무 평범히 지내는 게 너무 맘에 안 들었다. 책을 한권 읽으려 해도 제대로 읽히지 않을 만큼 머리가 굳어져 있었다. 그래서 당시 막 시행된 공인중개사 1회에 응시를 해서 자격증을 땄다. 그 후 직장 생활 중에 공부를 좀 더 계속할 욕심으로 대학원으로 진학해 석사 과정을 마쳤다.

공부를 마치고는 마침 그것을 배경으로 해서 미국계 회사로 자리를 옮기게 되었다. 그곳에서 7년간 근무하면서 해외출장을 다닐 기회가 많이 있었다. 그 기회는 내게 한국 바깥의 세계를 보는 눈을 열어주었다. 그래서 공부를 좀 더 할 요량으로 미국으로의 유학을 준비하다가 모든 미국 비자가 막히는 일을 당하게 되었다. 이때는 이미 회사에 사직 의사를 표한 상태라 회사로 되돌아가기가 어려웠다. 이때 우연히 같은 계열의 학교가 뉴질랜드 오클랜드에 있음을 알고 진행하던 중에 점수제로 뉴질랜드 영주권을 자동으로 받아 아주 이민이 가능한 것을 발견했다. 그리고 1996년 3월에 그곳으로 이민을 떠나게 되었다.

약 3년 반을 공부하면서 살던 뉴질랜드는 그 자연 환경이 천국이나 다름없었지만 아직 내겐 좀 더 일을 활발히 해보고 싶은 욕망이 남아 있었다. 이런 이유로 길을 찾던 중에 다시 미국으로 이민을 갈 수 있음을 발견하고 두 번째 이민을 결정하였다.

그러나 미국 이민 수속은 계속 지지부진했다. 그러던 중, 회사에서 뉴질랜드 시민권을 취득한 내게 호주 시드니에 있는 자회사에 근무하는 기회를 주었다. 이로 인해 호주에는 영주권을 받고 옮겨 가게 되었다. 당시 호주와 뉴질랜드 간에는 같은 영연방으로 상대국의 시민권자를 자국의 영주권자로 받아주는 협약이 있었다. 지금은 약간 변경되었다고 들었지만 아직 근간은 여전히 동일하지 않을까 싶다.

호주 체류 1년 반이 됐을 즈음에 드디어 시드니의 미 대사관에서 인터뷰 일정을 통지받게 되었다. 그로부터 2주 후에 인터뷰를 성공적으로 마치고 미 영주권을 손에 넣게 되었다. 그리고는 바로 같은 주말에 지금 살고 있는 워싱턴 근교의 북버지니아로 오는 비행기를 타고는 워싱턴 덜레스 공항에 도착하게 되었다.

아마 이때까지의 삶은 내 인생의 1막이라고 해도 되지 않을까 싶다. 그간 하나하나의 변화가 있을 때마다 이런저런 일들이 있었다. 그때마다 내게는 그런 일들이 일어난 이유가 꼭 존재했었다. 그러므로 그런 결정을 하는 게 가장 맞다는 현실적인 생각을 늘상 했었다. 다시 회상해보면 이런 변화는 나 자신이 존재해서 가능한 일이었다.

하나의 결정을 할 때마다 많은 밤을 뒤척거려가며 여러 가지 가능의 수들을 점쳐보고는 했다. 이런 결정들은 아내에게도 알리지도 못하는 나 혼자만의 길이었다. 그게 가장의 책임이라고 생각했다. 그런데 지나고 보면 그게 또 하나의 인생 챕터로 넘어가는 과정이었다.

이때 나와 가장 가까운 친구는 속마음을 다 털어놓을 수 있는 노트들이었다. 지금은 많은 노트들이 잦은 이사 중에 거의 다 사라져버렸지만 그 중에는 나 혼자만의 '시편'도 많이 적혀 있었다. 다윗이 하나님께 홀로 나아갔던 것처럼 내 안에도 하나님을 향한 많은 노래가 매번 내 마음 속에 울려퍼지곤 했다. 나의 마음 깊은 곳에서 그런 시들을 내게 읊어줬던 것 같다.

• 내 인생의 2막은 미국 땅에서 쓰여지고 있다 •

앞서 몇 번인가 이야기했듯이 미국의 삶은 처음이 녹녹치 않았다. 우선 늦은 나이에 도착했다는 사실이 나를 초조하게 만들었던 것 같다. 만약 보다 젊은 나이라면 한두 번의 시행착오를 해도 무난하겠지만 그땐 내겐 그런 여유가 없을 것 같았다.

그래서 미국 이민자라면 누구나 거치는 사무실 청소로 시작하면서도 어떻게 하면 육체적 노동을 줄여볼 수 있을까 생각하던 중에 당시로는 가장 어울리지 않을 영업, 그중에서도 보험 영업으로 뛰어들게 된 것이다. 육체적 노동을 달리 생각하는 게 아니라 나의 성향으로 그런 일을 오래 못할 게 너무 뻔해서였다.

난 내가 좀 더 오래할 수 있는 커리어가 필요했다. 이런 종류의 선택은 본인이 그냥 하면 될 일이다. 그러면 내가 원하는 일들이 내 앞에 나타나는 것이다. 나의 의식이 그런 길로 인도함을 나는 잘 알고 있다. 그래서 나는 늘 내가 생각하고 '이러면 좋겠다.' 하는 것들을 수시로 노트에 적는다. 난 그게 나 스스로와의 대화라고 생각한다. 지금 이 글을 쓰고 있는 것도 나의 독백이라 할 수 있다. 난 만나는 사람이 누구든 한번 해보라고 권하고 있다.

미국 생활은 어느덧 18년을 넘어 19년의 절반을 넘어가고 있다. 이제는 젊어서는 몰랐던 마음 챙김도 많이 생각하고 있다. 사실 내가 젊을 때 취했던 액션들은 대부분 속사람과의 깊은 대화를 나누고 했던 일이었다. 다만 그때는 지금만큼의 지식이 없었던 것이다. 그러나 이제는 전보다는 많이 알게 되었고, 나의 남은 삶도 속사람과의 깊은 대화를 통해 진행될 것이다.

이제 책을 쓰면서 나눌 나의 삶은 내 인생의 3막이 될 것이다. '한책협'의 김태광 대표 코치를 만나면서 내 책을 쓰겠다는 그림이 실현되었다. 정말 감사한 일이다. 그는 내가 지금까지 길을 못 찾아 헤매던 세월을 짧은 시간에 성취하도록 절대적인 도움을 주었다. 오랫동안 나의 상상 안에 머물러 있던 책 쓰기의 소망이 그를 만나 싹을 틔우게 된 것이다. 이제 나의 인생 다음 3막에서는 책 쓰는 동안 꽃 피우기를 소망한다.

당신의 인생을 바꾸는 영업비밀 노트 한 줄

그래서 나는 늘 내가 생각하고 '이러면 좋겠다.' 하는 것들을 수시로 노트에 적는다. 난 그게 나 스스로와의 대화라고 생각한다.

04

감사할수록
감사할 일이 많아진다

• 100일간 100가지 감사 캠페인 •

"감사하는 마음, 그것은 자기 아닌 다른 사람을 향하는 감정이 아니라 자기 자신의 평화를 위하는 마음이다. 감사하는 행위, 그것은 벽에 던지는 공처럼 언제나 자기 자신에게 돌아온다." - 이어령(언론인)

한때 깊은 실망의 늪에 빠진 적이 있었다. 어디에서 잘못된 건지 도무지 알수가 없었다. 그냥 이해가 되지 않았다. 마음속 밑바닥엔 크나큰 배신감과 인간관계에 대한 절망감이 뭉쳐 있었다. 도무지 그곳에서 빠져나올 수 없을 것 같았다. 어디에 딱히 하소연하거나 속시원하게 털어놓을 데가 없었다.

그대로 모든 걸 던져놓고 돌아서야 하나 하는 생각이 들었다. 그 긴 시간 지나왔던 시간으로 되돌아가 처음부터 다시 시작할 용기가 나지 않았다. 모든 게 원망스럽기만 했다. 출근했다가 책 한 권과 노트 하나 들고 그냥 밖으로 나왔다. 그리고 사람이 없을 만한 곳을 찾아 다녔다. 사람들 보기가 싫었다. 정확히 말하면 사람들 대하는 게 수치스러웠다.

먼저 내 안의 평화가 필요했다. 닥치는 대로 책을 찾아 읽었다. 책 제목은 생각이 나지 않지만 이때 메모해놓은 한 구절이 있었다.

"남의 탓만 안 해도 인생이 편하다. 갖고 있는 걱정거리는 그냥 놔둬도 저절로 해결될 것이다. 푸념하지 않겠다고 마음만 먹어도 삶의 방향이 바뀐다."

남에 대한 생각을 내려놓기로 했다. 대신 '초월명상' 코스를 신청하고 명상법을 배웠다. 크리스천으로서 인도의 명상법을 배우자니 마음에 안 들었지만 난 그만큼 절실했다.

문제는 눈을 감고 만트라를 떠올려도 끝없이 분한 마음, 속상한 마음이 머릿속을 헤집고 다녔다는 것이다. 강사는 파도의 수면같은 마음을 만트라에 집중하면 점점 더 가라앉을 거라고 알려줬다. 도중에 떠오르는 힘든 마음은 올에 얽혀 뭉쳐 있던 것들이 하나씩 풀려나가는 거라고 설명해줬다.

이런 노력을 하면서 책에서 본 '하루 100가지 감사 100일간 하기'를 실행할 날을 정하고 시작했다. 그렇지만 감사할 만한 것이 없었다. 그래도 무조건 적었다. 아침에 눈을 뜨게 해줘서 감사하다. 간밤에 편하게 잠잘 수 있어 감사하다. 가족이 있어 감사하다. 식사를 주심 감사하다. 문제는 머리로는 감사할 만하다고 생각은 드는데 가슴으로는 감사한 느낌이 전혀 들지 않는 것이었다. 답답했다. 다음은 100일 중 44일째에 페이스북에 올렸던 글이다.

"감사할 게 생각이 안 나서 처음엔 그냥 다 기록했다. 가슴엔 감사의 느낌이 전혀 없지만 머리로 감사할 만한 것이라고 판단되는 건 모두… 그렇게 하지 않으면 100가지는 턱도 없다. 아니, 단 5개도 어렵다. 그냥 내가 좋아하는 색이 파란색인 게 감사하다고 적는다. 그런데 감사의 느낌이 없어 답답했다. 그런데도 감사의 느낌이 생겨서 감사하다고 그냥 적었다.

그랬더니 요즘 조금 느낌이 달라진 것 같다. 아침에 눈 뜨면 내 코에 숨이 여전히 있어 가슴이 시원하고, 따뜻한 침대의 까칠까칠한 촉감이 너무 좋기도 하고, 새벽에 들어간 화장실에 비친 부시시한 내 얼굴을 보고 씨익 웃어줄 마음도 생겼고, 샤워하면서 노래를 흥얼거리고, 이전 같으면 걱정할 만한 일이 생겨도 해결되어서 감사하다고 적어버리고, 아내가 식탁에 올려 놓은 키위가 마냥 달콤하고, 몇십 년 전에 내가 예수를 만난 일이 새롭게 느껴지고, 운전할 때 내 차가 세상에서 제일 좋아 신이 나고, 출퇴근 시간에 차에서 듣는 오디오북이나 강의들에 Yes! Yes! Yes!라고 크게 반응도 보이고, 우리

꼬맹이들이 내 목을 꼭 끌어안고 안아주는 게 마냥 행복하고, 주일 설교 시간이 부쩍 짧게 느껴지고, 아침, 저녁에 걸려오는 전화들이 가슴 뭉클할 만큼 고맙고, 마주 대하는 동료들의 환한 웃는 모습이 그저 반갑고, 내가 같이 일하고 싶은 사람이 있으면 이미 주셔서 고맙다고 그냥 감사해버리기도 하고 (ㅎ 내 마음대로), 목표를 지금보다 '휘얼씬' 크게 적어버리면 그냥 그것만으로도 신이 나기도 하고, 이런저런 버킷리스트 아이디어가 꼬리를 물고….

내가 변한 건 없는 거 같다. 보기 싫은 건 여전히 보기 싫다. 말 섞기 싫은 건 여전히 그렇다. 그런데 차이가 있다면 그게 이전처럼 내게 크게 보이지 않는 점이다. 그냥 적어버리고 다음으로 넘어가버린다. 한 가지 이미 경험한 건, 감사가 또 다른 감사를 불러오는 게 진짜 맞는 거 같다는 것이다. 감사 숫자 채우는 게 힘든 게 아니라 적는 손이 아픈 게 힘들다."

억지로 감사를 하다 보니 사람이 바뀌고 있는 것일까? 이런 여정을 무조건 100일간 해 나갔다. 드디어 100일 되는 날 이렇게 후기를 적고 있다.

"매일 100가지 감사 쓰기 100일째, 바로 오늘이다. 지난해 10월 12일에 책을 보다가 시작한 게 벌써 100일째 되었다. 정확히는 오늘 한 번 더 써야 100일이 된다. 샤머니즘의 치성드리는 행위 같아 이런 짓은 잘 안 하는데 그땐 무슨 생각이었는지 그냥 시작했다. 마음에선 아마도 그냥 'Just do it!' 하는 생각이 강했을 듯하다. 어떤 승부를 내야겠다는 마음도 있었을 것이다.

시작할 땐 감사거리 하나 찾는 게 어려웠다. 머리로는 감사하는 게 맞다고 생각하는데도 가슴에 느낌이 오질 않아 몇 번이나 던져버릴 뻔했다. 게다가 그걸 100개씩이나 열거한다는 게 진짜 넌센스 같았다. 잘 버텨오다가 90일째 되는 날엔 한 번 크게 폭발하는 일도 있어 스스로 너무 실망스럽기도 했다.

그렇지만 돌이켜보면 내가 얻은 가장 큰 소득은 바로 나 자신과의 화해가 아닐까 싶다. 100가지 감사를 생각하다 보니, 내 먼 과거로 돌아가 이제 비로소 감사하게 되는 일들이 꽤 많아졌다. 만족스럽지 않던 학창 시절 생활, 어려웠던 집안 형편, 부모님과 가족, 처음의 신앙 생활, 그간의 직장 생활, 지금까지의 이민 생활….

그리고 또 하나의 소득이라면 내 안의 감정에 민감해졌다는 것이다. 큰 발전이다. 감정이란 내가 매일 매 순간 느끼는 좋은 감정을 놓치지 않겠다는 의도를 말한다. 아무리 실망스런 일이 생겨도 이 좋은 감정을 유지하는 데 최선을 다해보겠다는 결심이랄까.

100일이 끝나면 이젠 앞으로 어떻게 할까, 아니 당장 내일부터 어떻게 할까 하는 생각을 몇 주 전부터 했지만 아직 결론은 못 내렸다. 오늘 100일을 다 채우고 나면 떠오를 어떤 인사이트를 기대해본다. 오늘은 진짜 즐거운 날이 아닐 수 없다."

• 감사로 인한 긍정의 변화들 •

놀라운 것은 그 100일 사이에 내게는 좋은 일들이 생기고 있었다. 나의 보험 매니지먼트 역사상 가장 잘하기로 소문난 프로듀서가 나의 형편을 다 알면서도 나의 팀에 들어와주었고, 내가 아는 한 가장 좋은 팀 트레이너가 나의 삼고초려 끝에 함께 일해주기로 했고 그 외에도 많은 새 에이전트들이 힘을 합해주기로 했다. 몇 달 안 되는 짧은 시간에 아주 좋은 팀을 만들 수 있었고 이미 좋은 성적을 올리기 시작해준 것이다.

100일 감사 기간에는 아무도 탓하지 않았다. 불평이나 힘든 것도 마음속에서 가라앉히고 호흡으로 내보내는 훈련을 했다. 정말 신비한 체험이었다. 페이스북에 올린 나의 포스팅을 보고 여러 친구가 이어서 참여하겠다고 연락을 해왔다.

감사할 수 없을 때 나를 그런 길로 인도한 것은 내 노트의 메모와 좋은 서적들이었다. 내가 감사에 집중할 수 있도록 귀한 글들이 나를 도와줬다. 네빌 고다드는 그의 귀한 가르침을 『리액트』에 담아 이렇게 나를 일깨워주었다.

"지금 내가 원하는 삶을 살고 있지 않다면 즉시 타인에 대한 비판을 멈추어라."

얼마나 예리한 성찰인가. 내 지금의 못마땅한 형편이 왜 이럴까 생각하다

어떤 조직에서도 결과를 만드는 영업비밀 노트

보면 손쉽게 누군가 떠오르곤 할 텐데 그게 부질없다는 뜻이다. 나의 불만족스러운 삶은 누구의 책임도 아닌 바로 내 안에 쌓여 있는 부정적인 마음이 만들어낸 현상이란 것이다. 난 자신을 비롯해 주위에서 많은 유사한 예를 본다.

내가 동의한 것이 아니라면 나의 세상에 나타날 수가 없다. 내가 그릇되게 동의하고 인식한 것들은 그와 유사한 형편을 계속 내 삶에 끌어다 놓는 악순환을 야기한다. 따라서 내 형편을 나아지게 하는 방법은 이런 인식들에서 뒤돌아서는 일이다. 다른 사람에 대해서는 신경을 끄고 나 자신의 내부로 시선을 돌리는 일이다. 아무리 신앙 안에서 아름다운 말을 하더라도 자신 안에 있는 부정적인 마음을 갖고는 선함을 기대할 수 없다.

당신의 인생을 바꾸는 영업비밀 노트 한 줄

감사할 수 없을 때 나를 그런 길로 인도한 것은 내 노트의 메모와 좋은 서적들이었다. 내가 감사에 집중할 수 있도록 귀한 글들이 나를 도와줬다.

• 05 •

인생에서
가장 소중한 것을 지켜라

• 가장의 책임감이 나의 오늘을 있게 했다 •

내가 처음 보험업에 처음 들어 온 이유는 가장으로서 가정을 돌봐야 한다

는 책임감 때문이었다. 나 하나만 의지하고 미국까지 건너온 식구들을 언제

까지나 힘들게 할 수는 없었다. 나도 영업, 특히 보험 영업처럼 모든 사람이

힘들어하는 일을 하지 말아야 할 이유는 얼마든지 있었다. 100가지보다도

더 많은 이유를 댈 수 있다. 그러나 그 모든 이유보다 더 중요한 것은 식구들

을 돌보아야 하는 책임감이었다. 평생 영업이라곤 해본 적이 없었고 남한테

부탁하는 건 죽기보다 싫어했던 나를 움직인 건 바로 식구들의 존재였다.

뉴스를 보면 많은 가정이 파괴되고 있다. 그렇게 가정들을 돌보지 못하는 가장들의 마음은 오죽할까 하는 마음이 들기도 한다. 그러나 한편으로 생각해보면 언제까지나 그렇게 달아나는 삶을 살 수는 없다. 가족들이 너무 안타깝지 않은가?

나의 경우 이 책임을 인정했을 때 길이 열렸다고 말할 수 있다. 이민자로 도착한 미국은 내가 가진 기득권들을 모두 다 포기하게 만들었다. 엔지니어라는 경력도 통하지 않았다. 그러나 바닥부터 다시 시작해야 했지만 그런 시작을 하기에 편한 곳이 또 미국 땅이기도 했다. 누구나 다 처음엔 그렇게 시작하는 곳이 미국 땅이었기 때문이다. 눈치를 볼 필요가 없는 게 너무 편했다.

누군가의 한마디로 시작된 제안으로 인해 신문을 뒤져 정보를 찾았다. 그리고 필요한 라이선스를 딴 다음 막막한 영업 세계로 쭈볏거리며 발을 들였다. 그리고 18년을 이 일에 종사해왔다. 대학에서 학사, 석사를 취득하고 나서 했던 일들의 시간을 벌써 훌쩍 넘어가고 있다.

참으로 아이러니가 아닐 수 없다. 한국에서 취업하기 위해 대학, 대학원에서 돈 들여가며 전공 과목을 공부한 시간이 얼마나 많은가? 그런데 지금 우리 가족을 미국땅에서 살아남게 한 이 일을 위한 자격은 고작 라이선스 한 가지 따는 일이었다. 내가 그것을 따기 위해 공부한 시간은 기껏해야 10일 정도였을 것이다.

난 지금도 많은 사람들에게 이야기한다. 뭐가 가장 중요한지를 확인하라고. 그게 되면 내가 뭘 포기해야 하는지 답이 나올 거라고. 대부분의 경우 나를 포기하는 게 가장 효과적이다. 나를 포기하고 나면 내 안의 무언가가 나올 수 있는 공간이 생기게 된다.

내 생각에 적성이 안 맞다는 이유는 비겁하다. 미국 땅에 과연 내가 적성을 찾아서 먹고살 만한 일이 있을까? 물론 어느 정도 있을지 모르지만 그건 정도의 차이일 뿐이다.

가정을 지키는 일은 가장 중요한 일이다. 이것을 인정하면 다음 길이 보이게 될 것이다. 사람은 한 번에 길의 끝까지 볼 수 없다. 일단 목적지를 정하고 GPS를 입력하면 안개 낀 도로를 가듯이 그때그때 눈앞으로 열리는 만큼 길을 따라 앞으로 나아가는 것이다. 그러면 생각보다 빨리, 어쩌면 훨씬 빨리 그곳에 도착하게 될 것이다.

그러면 나는 지금 어디로 가고 있을까? 가장의 책임을 인정하고 나니 그 이후로 참으로 많은 기회가 내게 주어졌다. 내가 지금 20년 가까이 미국에서 살고 있어도 이곳을 좋아하는 이유는 공평한 기회가 주어지기 때문이다. 내가 아무리 영어를 잘하지 못해도 그들은 나의 성과를 그대로 인정해주었다.

그간 몇 개의 정말 좋은 회사에서 경력을 쌓을 기회가 있었다. 또 그곳의 좋은 기업 문화들도 접했다. 또 업무적으로 참 많은 곳을 여행했다. 사실 나의 일을 하는 중요한 가치 중의 하나가 여행의 기회였다. 나는 여행을 원없이 다닐 수 있었다.

그 사이 어렸던 아이들은 훌쩍 자라 좋은 짝과 결혼해 우리 곁을 떠나갔다. 떠나갔다고는 해도 바로 지척에 살고 있어 그립기보다는 시원하다. 앞으로도 지금 하고 있는 일을 계속할 예정이다. 그런데 가정을 돌보는 책임이 어느 정도 덜어진 지금의 상태에서 다음을 생각하고 있다. 과연 이제 나를 인도할 소중함은 무엇일까?

이 질문에 그간 사람들과 부딪히면서 살던 나 자신이 보였다. 나는 과연 나를 얼마나 스스로 돌보고 있었을지 궁금했다. 많은 상처들이 있었을 텐데 그것들은 지금 어떤 상태일까 챙겨보지 못했던 것들이 기억났다. 어떤 건 떠올리기만 해도 마음 안쪽부터 아리기도 하다.

이런 마음으로 여러 책들을 읽기 시작했다. 그동안 성경 외엔 관심이 없어 접하지도 않던 분야였지만 나의 마음과 생각이라는 걸 좀 더 알고 싶어졌던 것이다.

그러면서 접했던 책들은 잭 캔필드의 『석세스 프린서플』, 뇔르 넬슨의 『소망을 이루어주는 감사의 힘』, 이시다 히사쓰구의 『3개의 소원 100일의 기적』, 박용철의 『감정은 습관이다』, 유근용의 『메모의 힘』, 브렌든 버처드의 『백만장자 메신저』, 김상운의 『왓칭』 시리즈, 안젤름 그린의 『당신은 이미 충분합니다』, 켈리 맥고니걸의 『스탠퍼드 성장 수업』, 사이토 히토리의 『그릇』, 론다 번의 『시크릿』 시리즈, 엘렌 랭어의 『마음챙김』, 에크하르트 톨레의 『지금 이 순간을 살아라』, 『삶으로 다시 떠오르기』, 할 엘로드의 『미라클 모닝』, 한상 복의 『보이지 않는 차이』, 네빌 고다드의 『리액트』 등 전 시리즈, 헨리에트 앤 클라우저의 『종이 위의 기적, 쓰면 이루어진다』 등등 닥치는 대로 읽었다. 이 런 책들을 보며 전체적인 마음을 가다듬고 의식을 깨우는 시도를 평생 처음 시도하게 되었다.

그동안 10여 권의 노트를 새롭게 작성하면서 나의 내면 여행이 얼마나 풍 성해졌는지 모른다. 나의 남은 인생에 대해서 다시 작고 재미있는 목표들을 세웠다. 비전 보드를 만들어 폰에 담아 다니면서 재미있고 흥미로운 여행을 꿈꾸게 되었다. 앞으로는 나 자신을 돌보는 게 나의 중요한 가치가 될 것이다.

나의 페이스북 친구 한 분이 엊그제 엘리자베스 퀴블러 로스의 『생의 수레 바퀴(The Wheel of Life)』에서 다음 글을 인용한 글을 페이스북에 올렸다. 이 글은 바로 지금 나의 마음이기도 하다.

"살아가는 동안 누구나 고난을 겪는다. 중요한 것도 있지만 무가치해 보이 는 것도 있다. 하지만 모두 우리가 배워야 할 교훈이다. 우리는 선택을 통해 그것을 배운다. 좋은 삶을 살아가려면, 그래서 좋은 죽음을 맞이하려면 자신

에게 '어떤 봉사를 해왔는가?'라고 물으면서 무조건적인 사랑이라는 목표를

선택하라고 나는 말한다."

당신의 인생을 바꾸는 영업비밀 노트 한 줄

가장의 책임을 인정하고 나니 그 이후로 참으로 많
은 기회가 주어졌다.

06

나다움의 가치를 인정할 때
기회가 찾아온다

• 참된 나와 기꺼이 대면하라 •

사람들은 보통 자신의 가치를 잘 모른다. 얼마나 본인들이 중요한지 잘 깨닫지 못하는 것이다. 얼마 전 어느 감정 코치 겸 작가인 어느 분의 이야기를 유튜브에서 들을 기회가 있었다. 이 코치분은 학교를 졸업하고 수학을 아이들에게 가르치는 일을 20년간 하고 있었다. 그런데 아마도 그 일로 오랜 시간 아이들을 가르치고, 또 사춘기에 있는 자기 아이들을 다루다 보니 감정이 많이 상했었다. 집에서나 밖에서도 감정 조절이 아주 어려웠다고 회상했다.

그런데 그녀가 우연찮게 감정 조절에 관한 책을 쓰게 되었다. 그녀의 사정을 잘 알고 있는 멘토는 감정을 피하지 말고 정면으로 부딪혀 그 상한 감정을 책으로 써볼 것을 강력하게 권했다. 그녀는 그 책을 쓰면서 터져 나오는 눈물들을 피할 수 없었다고 한다. 그만큼 마음 깊은 곳에서부터 상해 있었던 것이다.

도저히 다 쓸 수 없을 것이라고 생각했던 그 책을 쓰고 책이 출판되고 난 뒤 그녀는 완전히 다른 사람으로 변했다. 더 이상 수학 교사가 아니었다. 이제 그녀는 자기와 같이 감정 조절로 힘든 시간을 겪는 사람을 돕는 '감정 코치'로 직업을 바꾸었다. 그리고 사람들을 돕는 일류 강사가 되어 수많은 곳으로부터 부름받는다. 뿐만 아니라 대학원으로 진학해 관련 공부를 더 하고 업무의 영역을 활발하게 확장하고 있다. 이제는 대기업 사원까지 돕고 있다.

이는 바로 『감정, 멈추고 들여다보기』의 저자 유영희 씨의 이야기다. 책을 쓰면서 자기 감정의 상태를 깨닫고 대면할 때까지 자기 자신의 가치를 모르고 있었던 것이다. 그러나 그것을 발견하면서 상한 마음에서 벗어나게 되었고, 지금은 같은 고통을 겪고 있는 많은 사람들에게 큰 도움을 주는 코치로 거듭난 것이다.

필자도 이제까지 살면서 힘들게 느껴지던 때가 많이 있었다. 그야말로 어느 순간 무릎에서 힘이 모두 빠져 나가는 경험도 여러 번 했다. 그런 일을 당하면 우선 나 자신의 무능력함이 느껴졌다. 일을 이렇게 만들다니, 하는 스스로에 대한 자책감이 이루 말할 수 없었다. 당장 닥친 일도 일이지만 그것을 어떻게 헤쳐 나가야 하나 생각하면 길이 안 보이곤 했다. 특히 오랫동안 공들여 쌓아왔던 일의 경우엔 그 자괴감이 더욱 컸다. 그런데 좋은 소식 하나는 이 모든 것으로부터 지금까지 살아남았다는 점이다. 더욱 재미있는 사실은 대부분의 경우 상황이 이전보다 훨씬 더 좋아졌다는 사실이다.

종종 내가 독백처럼 하는 말이 있다.

'이런 건 이제 하산해도 좋다는 실력을 확인하기 위한 마지막 테스트일 뿐이야!'

이 테스트만 통과하면 다른 세상으로 나가는 것이다. 또 다른 인생 챕터를 써나가게 되는 것이다. 전엔 내가 갖고 있던 것을 잃게 되면 당장 어떻게 될 줄 알았다. 그런데 얼마 지나지 않아 어느새 기억도 안 나는 게 정말 이상할 때가 많았다.

나중에 회상하면서 발견한 사실은, 이런 일들이 바로 나의 실체를 확인하는 절차라는 것이다. 다시 말해 나 자신을 다시 확인하는 과정이었다. 그리고 지금까지 젖어 있던 환경에서 벗어나 한 차원 높은 세계로 옮겨가기 위한 것이다. 이런 절차를 통해 비로소 나답게 되는 것이다.

진정한 나다움은 스스로의 자존감을 찾는 것이다. 작지만 매일의 일상에서 내가 잘한 점들을 찾아내어 스스로 인정해주는 게 필요하다. 그러면 지금까지는 남에게서 받는 인정이 중요했지만 이젠 더 이상 그런 게 필요없게 된다. 남 보기에 좋은 성공을 추구하는 것이 아니라 내 안의 만족감에 더 큰 가치를 두는 것이다.

● 나다움의 가치를 인정하기 ●

타인의 기대나 세상의 기준대로 살아온 사람들은 자신의 기준대로 삶의 방향을 찾는 일이 결코 쉽지 않다. 언제 이런 걸 깨닫게 될까? 그건 바로 살면서 시련이 있을 때가 가장 좋다.

그럭저럭 별 생각 없이 살 때는 이런 생각을 할 이유없이 그냥 어울려 사는 것이다. 그러나 막상 힘든 일이 닥치게 되면 그때는 자신에 대한 많은 실망을 하면서도 결국 헤쳐나갈 사람은 나 자신임을 깨닫게 되는 것이다. 비로소 나에게로 돌아와 나의 존재감을 인정할 수밖에 없게 되는 것이다.

이런 어려움이 올 때는 나를 비난하기보다는 먼저 내 생각이 삶을 방해하는 것은 아닌지 확인하고 알아차려야 한다. 그리고 생각을 점검하고 고치는 과정을 통해 삶의 방해물을 없애야 한다. 그리고 동시에 긍정적인 감정과 느낌을 회복해야 한다.

긍정적인 마음이 되면 인지와 행동을 활성화시켜 어떤 상황에도 다양한 해결 방안을 찾아낼 수 있게 된다. 또 나아가 더 큰 가능성에 도전할 수 있는 힘이 생기게 되는 것이다.

나를 자각하기 위해서는 나의 감각과 경험을 알아차리도록 집중해야 한다. 또 감각과 경험이 바뀌면 그때부터 내게 변화가 일어나는 것이다.

한 가지 생각해야 할 점은 이런 경우 내 안에 깊은 곳에서 슬그머니 올라오는 불안감이다. 그러나 나답게 살고자 한다면 이런 불안을 회피하려 해서는 안 된다. 마땅히 직면해 부딪혀내는 게 필요하다. 과도한 불안이 삶에 방해가 될 때는 스스로 응급처방도 할 수 있어야 하는 것이다.

지금 이 순간을 충분히 느끼고 긍정하며 진정한 나를 표현하다 보면 자연나도 모르게 내면화된 불안과 부정적인 생각을 떨어낼 수 있게 될 것이다.

이 과정은 필자도 굽이굽이 겪으면서 넘었던 과정들이다. 이런 과정을 겪으면서 발견한 나다움은 위에서 말했듯이 늘 새로이 더 나아진 환경으로 이끌곤 했다. 그래서 막상 어려움을 만나면 두렵다가도 정신을 차리고 관찰하면 그러한 두려움이 가라앉는 것을 깨달을 수가 있다.

한 가지 명심할 점은 스스로한테 솔직해지는 것이다. 보통 문제를 만나면 남의 의견을 구하게 된다. 하지만 무엇보다 중요한 것은 내 안의 나와 대화하는 것이다. 이때는 스스로에게 솔직해야 한다. 절대 자신의 무의식을 속일 수는 없기 때문이다.

무의식은 내가 의식으로 느끼는 감정을 통해 이미 모든 정보를 받았기 때문에, 어떤 말을 해도 거짓이면 해결책이 나올 수 없다. 차라리 솔직히 모든 감정을 내어놓고 인정하면 나도 모르는 사이에 더 좋은 길로 갈 수 있는 방법이 보일 것이다. 그게 진정한 나다움의 길이다.

글을 맺으면서 필자에게 많은 도움을 준 네빌 고다드의 말을 한 번 더 인용하기로 한다.

"당신의 발목을 꽉 잡던 과거의 잘못된 감정이 더 이상 힘을 행사하지 못하게 하십시오."

당신의 인생을 바꾸는 영업비밀 노트 한 줄
___

그런데 좋은 소식 하나는 이 모든 것으로부터 지금까지 살아남았다는 점이다. 더욱 재미있는 사실은 대부분의 경우 상황이 이전보다 훨씬 더 좋아졌다는 사실이다.

07

나는 매일
조금씩 더 나아지고 있다

· 매일 더 나아지는 자신을 바라보기 ·

"나는 날마다 모든 면에서 점점 나아지고 있다. 한동안 이 말을 믿고 지내보라. 그러면 진짜 그렇게 되는 경험을 할 것이다." - 마크 엘런(언론인)

자기암시는 자신의 잠재의식에 가장 강력한 영향을 주는 도구다. 만약 부정적인 생각이 떠오르면 즉시 이를 거부해야 한다. 오직 밝고 건설적인 암시만을 받아들여라. 부정적인 암시가 일어날 때는 즉석에서 단호하게 그 암시를 거부하는 습관을 기르는 게 필요하다.

우리가 거부하면 부정적인 생각이나 암시는 더는 작용할 수 없다. 당신의 잠재의식에 나쁜 암시를 모조리 거절하고 긍정적인 암시만으로 채울 수 있음을 기억하라. 그러면 모든 부정적인 생각들을 모두 몰아낼 수 있게 된다.

사람은 본능적으로 생존을 위해 일어날 수 있는 위험에 대비해 경계를 늦추지 않고 의심하는 마음을 갖고 있다. 그래서 사람들과 있을 때는 밝은 모습으로 있다가도 혼자 남게 되면 으레 웃음이 사라지고 심각 모드로 바뀌는 것이다. 그래서 평소 긍정적인 마인드를 가지려 의도적으로 노력하지 않으면 자연스럽게 부정적인 모습을 갖는 것이다.

가만히 살펴보면 아무래도 성공한 사람들은 다분히 긍정적인 사람이 많은데 이들은 바로 자신과의 감정 대립에서 부정적인 면보다는 긍정을 더 많이 이끌어낸 사람일 확률이 크다. 따라서 이것은 바로 선택의 문제로 귀결된다. 내가 어떤 의식을 가질지는 자신이 결정만 하면 되는 것이다.

'나는 날마다 모든 면에서 점점 더 좋아지고 있다.'라고 아침마다 스스로에게 말해주기만 해도 나의 잠재의식은 그렇게 프로그래밍된다. 그다음의 모든 일은 그냥 맡겨두면 될 일이다. 이런 암시가 가장 잘되는 시간대는 잠재의식과 현재의식의 경계인 잠자리에 들기 전과 아침에 바로 눈을 뜬 직후가 가장 좋다. 이런 암시는 잠재의식에 명령으로 하달되어 현재의식이 전혀 활동하지 않는 수면시간 동안 자기가 할 일을 수행해서 그 결과를 현재의식에 나타내게 하는 것이다. 따라서 나의 생각이 부정적으로 흐르지 않도록 늘 깨어 살펴야 한다. 르네 드라브와는 '자기암시의 위대한 원칙을 잊지 마라. 어떤 경우에도, 말도 안 되는 경우에라도 우선 낙관하라'고 충고하고 있다.

어떤 예기치 않은 상황에 부딪혔을 경우, 그 상황을 '왜 하필이면 왜 내가 이런 일을 당해야 하는 거지?' 하고 포기할 필요가 없다. 아직 이 일이 결과가 어떻게 나타날지는 아무도 모르기 때문이다. 지금 눈에 보이는 것이 다가 아닌 것이다. 어떤 길로 가게 될지는 전적으로 나의 결정에 달려 있다. 긍정적인 인식으로 그 상황을 대면하면 바로 그런 결과가 보일 것이다. 상상 속에서 좋은 결과를 마음에 품고 그 시간을 대할 때 원하는 해답을 얻게 될 것이다.

• 현재의 작은 행복들에 집중해보기 •

심리학자 조지 월턴은 『괜한 걱정』이라는 책에서 걱정의 40%는 절대로 현실에서 일어나지 않으며, 30%는 이미 일어난 것들에 대한 것이고, 22%는 너무도 사소한 것이고, 4%는 어쩔 수 없는 것들에 대한 것이다. 이것들을 모두 뺀 나머지 4%만이 우리가 바꿀 수 있는 것이라고 한다.

많은 사람들이 걱정에 시달리느라 정작 중요한 현재의 시간에 집중을 하지 못한다. 그러나 걱정하는 것으로 바꿀 수 있는 것은 아무것도 없다. 실패를 두려워하는 생각보다는 차라리 성공하는 긍정적인 상상을 하라.

어떤 조직에서도 결과를 만드는 영업비밀 노트

실패를 생각하면 실패하게 되고, 성공을 생각하면 성공하게 되어 있기 때문이다. 적극적이고 긍정적인 사고는 실패까지도 성공으로 가기 위한 과정이라고 생각하게 해준다.

걱정이 마음에 들어올 때는 지금 이 시간에 집중해보라. 현실과 미래를 즐겁고 행복하게 하는 방법은 지금 있는 현실에 집중하고 충실하게 보내는 것이다. 모든 감각을 집중해서 지금 이 순간을 느껴보라. 향긋한 차의 향, 한 줄기의 바람의 시원함, 아기의 볼에 핀 환한 웃음…

지나간 과거의 일에 사로잡혀 있거나, 아직 오지 않은 미래를 걱정하는 것은 아무 도움이 되지 않는다. 차라리 집중해서 지금 아니면 느끼지 못할 작은 즐거움이나 행복함을 느껴보라. 그것은 바로 다가올 시간에 대해 행복의 씨앗을 뿌리는 일이다. 지금 내 앞에 나타난 것들은 바로 지나간 시간에 내가 심었던 것들의 결과임을 깨닫고 지금부터 행복의 씨앗을 파종하는 것이다.

쓸데없는 미래에 대한 걱정 때문에 불안에 시달리거나 과거에서 비롯된 분노를 곱씹는 것은, 이미 얼마든지 내 주변에 넘치고 있는 현재의 행복을 포기하는 것이다.

"마음은, 그 만들어진 원리 때문에 자주 옛 생각에 슬프고 미리 걱정한다. 그래서 지금, 여기에 일어나는 일을 곧잘 놓친다. 그중엔 우리가 행복이라 부르는 것들도 가득하다. '과거 때문에 속상해하고 있구나. 미래 때문에 걱정하고 있구나. 그리고 지금 내 곁에 행복도 있구나.' 하고 마음에 속삭인다면 마냥 흘러가기만 하던 행복도 조금씩 곁에 고일지 모른다."

- "오늘을 산다는 것이 어째서 행복일까 – 마음 챙김이 들려주는 지금, 여기의 행복",

이두형, 〈정신의학신문〉

당신의 인생을 바꾸는 영업비밀 노트 한 줄

걱정이 마음에 들어올 때는 지금 이 시간에 집중해 보라. 현실과 미래를 즐겁고 행복하게 하는 방법은 지금 있는 현실에 집중하고 충실하게 보내는 것이다. 모든 감각을 집중해서 지금 이 순간을 느껴보라.

성공의 열쇠는 바로 열정이다!

나의 아버지는 50대에 은퇴를 하셨다. 그런데 나는 그 비슷한 나이에 미국이라는 새로운 나라에 이민자로 도착하게 되었다. 그리고 살길을 만들어내야 했다. 그런데 내게 나타난 길은 영업이라는 길이었다.

일을 시작할 때는 영업을 제대로 가르쳐줄 만한 멘토가 주위에 보이지 않았다. 그래서 여러가지 실수를 겪고 실패하는 일이 많았다. 그러나 그런 실수 중에도 나의 길은 그대로 펼쳐지고 있었다.

일할 때마다 가장 최선이라고 생각하는 결정을 하려 했고, 그런 시도들은 또 다른 길들로 하나씩 연결되었다. 그래서 끊임없는 만남이 생겼고 여러 회사에서의 시스템들도 배울 기회가 생겼다.

세상에 수많은 성공에 관한 책들이 있다. 많은 성취를 이룬 이들이 기록해낸 결과들이다. 전에 직장 생활을 할 때는 이런 책들을 읽은 적이 없었다. 그러나 영업의 길에 들어선 뒤, 이런 주제들을 접할 때마다 나는 쉽게 흥분한다. 내 안에 아직 열정이 많이 남아 있다는 사실을 보여주는 것이다.

그 열정으로 나는 목표를 많이 세운다. 내 마음대로 세운다. 그렇다고 절대 작은 목표들은 아니다. 그런데 내 머리가 반드시 이해가 되는 방식으로 목표들을 재해석하는 작업을 하곤 한다. 그러면 굳이 작심하고 결심을 안 해도 내 안에서 자동 모드로 전환되어 쉽게 돌아가게 된다.

그렇게 쪼개진 해석들을 풀어서 이 책을 썼다. 각 챕터의 박스들이 그런 내용들이다. 어떤 구체적인 행동 지침들은 내가 아니라도 진짜 챔피언들이 이미 많이 소개해놓았기 때문에 피하고 싶었다.

작년에 북버지니아의 집에서 캐나다 밴프까지의 왕복 10,000km의 자동차 여행을 다녀왔다. 그 엄청난 계획의 시발점은 아주 미미했다. 한국의 고종 사촌들과 통화 중에 나눈 이야기 때문이었다. '내년에 밴프 한번 같이 다녀올까?' 여행에 대한 열정으로 얼마나 흥분했는지 모른다.

나는 그렇게 지난 세월 동안 동일한 열정으로 영업의 길을 끌고 나왔다. 지금 생각해도 얼마나 기적 같은 커리어가 되었는지 모른다. 심지어 은퇴하지 않겠다는 선언도 해버렸다. 이 책을 읽으면서 그런 열정을 함께 나누면 좋겠다는 바람을 적어본다.

"제일 중요한 전략은 오래 행복하게 살아남는 것이다!"